NIEVES VILLENA

29 días para conectar con tu felicidad económica

VERGARA

Papel certificado por el Forest Stewardship Council®

MIXTO
Papel procedente de
fuentes responsables
FSC® C117695
FSC
www.fsc.org

Penguin
Random House
Grupo Editorial

Primera edición: febrero de 2021

© 2021, Nieves Villena
© 2021 Cristina Mas, por las imágenes
© 2021, Penguin Random House Grupo Editorial, S. A. U.
Travessera de Gràcia, 47-49. 08021 Barcelona

Printed in Spain – Impreso en España

ISBN: 978-84-17664-70-1
Depósito legal: B-20.552-2020

Diseño: Culbuks
Compuesto en M. I. Maquetación, S. L.
Impreso en Gómez Aparicio, S. A.
Casarrubuelos, Madrid

VE64701

A Pau, mi hijo, mi regalo, mi gran maestro de vida

A Toni, mi marido, mi apoyo, mi mejor espejo

A mi madre,
mi fuente de aprendizaje, mi lugar de cobijo

A mi padre, mi inspiración, mis cimientos

A mis hermanos, mi hogar, su mirada de amor

A ti, que me quieres y me enseñas a querer

Índice

PARTE 3 ● ECONOMÍA

PARTE 4 ● EMOCIONES

Conectar con tu abundancia es fácil si sabes cómo

Ains... Déjame decirte que me hace muchísima ilusión que hayas decidido compartir este camino conmigo. Te estoy muy agradecida, porque cada vez que una persona llega a este libro, para mí también comienza una aventura. Siento que cuando hay un grupo de personas compartiendo y creciendo juntas, la magia y los aprendizajes están asegurados. GRACIAS.

Soy Nieves Villena, economista, *coach* y educadora financiera. Soy una apasionada de las personas, me encanta todo lo relacionado con el crecimiento personal, la inteligencia emocional, la creatividad, la mentalidad, la forma de relacionarnos, de conocernos y querernos más y de disfrutar de nuestra vida, cada una a su manera. Hemos venido a esta vida a gozarla y soy una fan de experimentarlo. Además, me vuelven loca los números, soy la típica que se fija en todas las matrículas de los coches, que se aprende los teléfonos y a la que sus amigos le dan las cuentas de los restaurantes para que haga los cálculos.

Me encanta aprender. Una de mis máximas es que siempre estoy dispuesta a desaprender, aprender y reaprender, ya que considero que nadie tiene la verdad absoluta sobre nada y que nos enriquecemos infinitamente más cuando estamos abiertas a cambiar y a incorporar nuevas miradas dentro de nosotras. Seguramente, si tú estás aquí, es porque tus ganas de aprender también están muy presentes.

Y así, con mi interés por aprender y mi forma de reflexionar y hacerme preguntas, llegué a la conclusión, hace ya bastantes años, de que la economía tenía que enseñarnos muchísimo más de lo que estábamos viendo. Empecé a ver los números como una fuente de crecimiento personal muy potente y a comprender que la realidad material que vemos fuera y cómo llegamos a nuestros resultados económicos, tiene mucho que ver con la suma de estos cuatro pilares: nuestra mentalidad, nuestra consciencia, nuestra inteligencia financiera y nuestra inteligencia emocional.

Et voilà! Así, entre preguntas y respuestas, y sumadas a la experiencia de siete años en banca trabajando codo con codo con personas y su economía, nació el concepto de Felicidad Económica® que, para mí, es el equilibrio entre dedicarte a lo que te apasiona (eso que has venido a hacer), o darle sentido a lo que estás haciendo en este momento, aunque no sepas bien si es o no tu propósito, con libertad de tiempo (la capacidad de elegir), recibiendo una compensación económica sana por ello (esa que te mereces, valorándote) y construyendo relaciones enriquecedoras contigo misma y con las personas con las que te cruces.

Al principio, cuando empecé a hablar de *Felicidad* y *Economía* juntas, tengo que reconocer que había gente que me miraba raro. Bueno, en realidad, hoy me sigue pasando, pero es que ahí está la gracia y lo que me motiva a seguir creciendo en este camino aún más, porque siento que hay delante un mundo de posibilidades por descubrir y eso es una oportunidad de crecimiento que me encanta. Disfruto compartiendo lo que soy, lo que hago y lo que tengo en ponencias, formaciones o en un café con una amiga. Me encanta comunicar y relacionarme con personas y soy una disfrutona.

Sé que el camino está lleno de dudas, de incertidumbres y de obstáculos, pero también de magia, sincronicidades y causalidades. Causalidades como la de que tú estés hoy leyendo estas líneas porque sientes que ha llegado el momento de descubrir cómo reconciliarte con tu dinero y mirar tus números y tus finanzas con ilusión y ganas.

Me gustaría que sintieras que este libro no es un reto, sino una experiencia transformadora que es parte de nuestro camino, de tu camino. Aunque para algunas personas los retos suelen ser motivadores, nuestro inconsciente los vive como algo desafiante y, por lo tanto, difícil de llevar a cabo. Y claro, la misión de este libro es que compruebes por ti misma que **conectar con tu abundancia es fácil**, porque tu verdadera naturaleza ya es abundante. Y así lo vas a experimentar a lo largo de estos 29 días para que se quede contigo el resto de tu vida.

Que este viaje sea de 29 días —ni uno más ni uno menos— tiene para mí un significado especial, ya que llevaba mucho tiempo gestándolo dentro de mí, pero no fue hasta el verano de 2018 cuando vi, sentí y confirmé que era el momento de que naciera.

Estaba en la playa con mi marido Toni y le dije: «Voy a dar a luz 29 días de felicidad económica a través de 29 mensajes». Para mí el número 11 es un número mágico, que lleva acompañándome toda mi vida, ya que mi fecha de nacimiento también suma 11 y si sumas 2+9, el resultado es 11.

Cuando lancé la primera vez *29 días para conectar con tu Felicidad Económica*, lo hice a través de WhatsApp. Desde ese verano de 2018, he realizado una edición cada mes —todas ellas igual de enriquecedoras— que me han llenado de aprendizajes, de visiones diferentes y de experiencias con personas maravillosas. Después de cada edición, siento una conexión con la abundancia cada vez más intensa. Cuando creé esta aventura, lo hice ligando su inicio a las fases lunares, pero hoy te pido que, si sientes que es tu momento, si estás aquí leyendo el libro, empieces ahora, ya que el miedo a adentrarnos en el área económica a veces puede invitar al ego a unirse a este camino, y este solo retrasa el comienzo del viaje.

Han pasado por esta experiencia más de 3.600 personas, a las que estoy infinitamente agradecida. Fueron muchas las que me comentaron que les encantaría disponer del contenido en un formato que permitiera escribir, subrayar, o consultarlo cuando fuera necesario... Y así nació la idea de convertirlo en este libro. Primero lo autopubliqué con Culbuks y hoy, un año después, dentro de este sueño, con el sello editorial Vergara. Quiero que sea tu mapa del tesoro en este camino de conectar con tu abundancia, y que puedas subrayarlo, colorearlo, sentirlo y tocarlo las veces que necesites.

Mil gracias a todas las personas que me habéis impulsado a hacer realidad este libro, y a ti, que lo tienes en tus manos. ¡Qué ilusión me hace! Gracias por confiar en mí, porque mi verdadera misión es que la Felicidad Económica llegue a toda aquella persona que quiera conectar con su abundancia, y que pueda hacerlo de una forma amena, sencilla y creativa.

Este es un libro de herramientas, de crecimiento y desarrollo en el que puedes escribir, dibujar, rellenar, reflexionar, leer, señalar, colorear, pegarle notas adhesivas y ponerlo bonito a tu manera, de forma única. Me encantaría ver cómo lo haces. Sé que el poder creativo de una persona en el momento de evolucionar es infinito, así que, si te apetece, puedes usar el *hashtag* #FelicidadEconómica y etiquetarme en redes sociales. ¡Será maravilloso poder compartirnos!

Tienes por delante 29 días para inspirarte, valorarte y vivir tu economía más conectada contigo y con tus valores. Vas a hacer un viaje a tu interior en el que crearás un espacio para ti y tu área económica.

Conectarás contigo, reflexionarás sobre tu situación actual, te harás preguntas para mejorar día tras día y podrás descubrir si existe algún bloqueo en esta área. **Conocerás qué es aquello que te puede estar paralizando y lo que puedes potenciar para impulsarte.**

Mientras estoy escribiendo estas líneas no puedo dejar de sonreír al imaginarte con este libro entre tus manos. ¡Qué emoción tan grande!

GRACIAS.

¿CÓMO VA A SER ESTE VIAJE HACIA TU FELICIDAD ECONÓMICA?

Este camino tiene varias etapas, divididas en cuatro semanas, en las que nos dedicaremos a trabajar áreas concretas vinculadas a la Felicidad Económica: Mentalidad, Consciencia, Economía y Emociones.

En la primera semana, experimentarás cómo tu mentalidad determina tu realidad. Son siete días dedicados a la observación, a aprender a sostener, a soltar y/o transformar las creencias relacionadas con el dinero que te pueden estar bloqueando. En la segunda, nos centraremos en creer en lo que no se ve para crear lo que quieres ver. Hablaremos de las leyes espirituales del éxito de Deepak Chopra y las llevaremos a tu área económica. En la tercera semana, descubrirás qué herramientas económicas te ayudan y guían a poner orden a los números. Terminaremos estos 29 días con una semana muy especial, sintiendo, reconociendo, permitiendo y gestionando tus emociones relacionadas con tu dinero y economía.

Antes de ponerte manos a la obra, me gustaría hacerte algunas recomendaciones para que saques el máximo partido a estos 29 días.

Pon tu atención. Escúchate y obsérvate en todo momento. Te recomiendo que durante estos 29 días comiences cada uno de ellos leyendo las páginas correspondientes. Cada día encontrarás reflexiones y ejercicios prácticos para trabajar un área concreta de tu Felicidad Económica. Permítete, no te presiones y sobre todo no te juzgues, es tu proceso, es único, es tuyo.

Si te atascas o sientes que no es el momento de continuar, observa en qué día estás y qué estás trabajando, anota tus sentimientos y emociones, busca tu aprendizaje y ten en cuenta que puedes dejarlo a un lado y retomarlo cuando así lo sientas.

Pon tu intención. La confianza y el compromiso son el primer paso hacia la prosperidad y la abundancia. El punto de partida está en ti, así que te invito a que confíes en tu poder para crear la realidad que quieres ver. Lo único obligatorio es que te comprometas contigo.

Abre tu mente y tu corazón. Cuida tu energía. Suelta cualquier expectativa que tengas ahora mismo sobre este libro. No te creas nada porque yo lo diga, experimenta, siente y vive tu propio camino. Encárgate de disfrutar esta experiencia y tómate este viaje como un juego. Recorre este camino con la mente y el corazón abiertos, con ganas de crecer, sin juzgarte, escuchándote y fluyendo con lo que estás viviendo.

Por favor, experiméntalo todo, adapta mis palabras a ti, son tuyas, están en tus manos. Si hay algo que no te cuadra, que no lo sientes así, que tú lo ves de otra forma, lo entiendes de diferente manera, cámbialo. ¡No lo dudes! Mi mayor deseo es que este libro te sirva de guía para construir una relación sana con tu dinero y tu economía, que te haga reflexionar y hacerte planteamientos que te impulsen a conectar con tu Felicidad Económica.

Tómate tu tiempo. Los capítulos de este libro requieren un tiempo de lectura breve. En cambio, a tus aprendizajes deberás dedicarle el tiempo que decidas. Lo importante es que disfrutes de este tiempo de conexión contigo.

Cada día, antes de empezar a leer, te propongo que revises la *hoja de inspiración* (que encontrarás más adelante) y leas los motivos por los que quieres conectar con tu Felicidad Económica.

Poco a poco vamos a ir incorporando pequeños rituales y hábitos para que esta experiencia sea lo más cómoda posible para ti. Si así lo sientes, todo lo que experimentes podrás aplicarlo a cualquier área de tu vida, no solo a la económica.

Sé creativa. Yo soy una fiel amante del papel porque creo que todo lo que escribimos se impregna mucho más de nosotras. Así que busca tu bolígrafo favorito, realiza los ejercicios propuestos de cada día y siéntete libre para modificarlos. Si necesitas rotuladores de colores, pósits o cualquier otro material, sírvete de ellos. Sé creativa.

Es muy posible que, al hacer este camino, pases por una serie de estados diferentes. Es normal, ya que cuando estamos en procesos de cambio, de transformación o de desarrollo e indagamos en nosotras mismas, y sobre todo en nuestra relación con el dinero, podemos experimentar sentimientos encontrados. Aunque comiences con muchísima ilusión, puede que te dé pereza o que —a pesar de que sepas que este proceso te va a hacer bien— sientas miedo al profundizar en algunas áreas. A lo largo de estos 29 días, puedes sentir cosas que te hagan querer empezar, dejarlo, volver a reengancharte con más fuerza, hacerlo de forma más profunda o más superficial... Te digo, por experiencia, que todo lo que vivas o sientas es perfecto así.

Si te quedas atascada en algún momento, no te preocupes, pero sí ocúpate y pregúntate:

- ¿Qué me está queriendo decir este bloqueo?
- ¿Por qué me paro? ¿Para qué?
- ¿Qué es lo que tengo que descubrir sobre esto?
- ¿Qué necesito incorporar en este momento para continuar?

Y cuando sientas que es el momento, continúa. Se trata de que abraces tu miedo y lo aceptes para seguir caminando. Solo tienes que darle permiso para que esté, para que te acompañe en este camino, para que se siente a tu lado y te vea crecer. Invítalo a la fiesta, pero recuerda que tú eres la auténtica protagonista. Cuando te diga que no, dile que prefieres comprobarlo por ti misma, ¡que para eso estás aquí!

Eleva tu energía. Haz cosas que te empoderen, que te permitan conectar con tu abundancia. Como verás, en este libro hay palabras de personas que ya forman parte de estos *29 días*, personas como tú y como yo, con ganas de crecer, de evolucionar y con una generosidad inmensa. Personas abundantes. Deseo que encuentres en su sabiduría y sus palabras una fuente de inspiración para elevar tu energía de abundancia.

Ahora sí, coge tu lápiz. Aquí está tu contrato de compromiso, y te animo a que lo firmes. Por favor, escribe tu nombre ahí con la intención de conectar con tu abundancia.

Contrato de compromiso

Yo:_____

Hoy me doy permiso para dedicar 29 días a conectar con mi área económica y sacar lo mejor de lo que haya aquí para mí. Me comprometo a leer lo propuesto para cada día y a escuchar lo que siento. Me comprometo a no juzgarme, a observarme, a honrarme y a florecer a través de esta experiencia. Sin expectativas. Fluyendo.

Fdo:

_____

Y algo más antes de empezar. A continuación vas a encontrar tu *hoja de inspiración*, está en blanco para que la llenes con las razones o sentimientos que te motivan a hacer este viaje de 29 días. Escríbelos con colores, con lápiz, con boli, ordenados, desordenados. Como quieras, pero responde: en este momento, ¿qué te impulsa a conectar con tu Felicidad Económica?

Ahora sí estás lista para empezar.
¡Vamos allá!

Hoja de inspiración

¿Qué me impulsa a conectar con mi Felicidad Económica?

Importante:

A lo largo del libro haré referencia a materiales extra descargables que te servirán de apoyo a algunos ejercicios.

Podrás descárgatelos desde el enlace que te dejo aquí y registrarte para que te vaya informando de los encuentros *online* que haremos cada cierto tiempo para compartir aprendizajes. Así podremos estar juntas en directo.

www.nievesvillena.com/libro-materiales-extra

También podrás seguir recibiendo actualizaciones, recursos, comentarios, y todo lo que estos 29 días nos sigan ofreciendo. Quiero seguir compartiendo contigo como agradecimiento a que tengas esta parte de mí en tus manos. GRACIAS.

PARTE 1

Mentalidad

uiero empezar hablándote de algo que supuso una revelación para mí, y fue entender y, sobre todo, experimentar que mi mentalidad también forma parte de mis resultados económicos. ¿Cómo? ¿Números? ¿Mentalidad? ¿Creencias? Me di cuenta de que, lo que yo pensaba acerca del dinero, las palabras que utilizaba, la manera de relacionarme con él, mi mapa mental y sistema de creencias influían en lo que veía cada día en mi economía y que, además, darme cuenta de esto y tomar consciencia, me ayudaba a conocerme mejor y a crecer personal y profesionalmente.

Después empecé a trabajarlo con las personas, a ayudarlas y a acompañarlas a que tomaran consciencia de qué les estaba diciendo su situación económica y... *wow!* ¡Qué descubrimientos tan poderosos sobre ellas mismas! ¡Qué suerte la mía poder vivirlo junto a ellas! ¡Qué cambios en sus finanzas! GRACIAS.

Empezar observando tu mentalidad relacionada con tu economía es una mirada hacia el interior, un descubrimiento, un camino que a veces fluye y otras se atasca, pero que, sin duda, es un regalo para seguir evolucionando.

Las dos mentalidades

Cómo creamos nuestra realidad material y cuál es la diferencia entre prosperidad y abundancia es algo que hay que tener muy en cuenta cuando hablamos de Felicidad Económica.

Me encanta explicar que los resultados económicos que ves ahora mismo en tu economía, es decir, tu situación financiera actual, vienen determinados por la suma de estos cuatro elementos:

> Consciencia + Gestión Emocional + Mentalidad y Pensamientos + Gestión Económica

Como ves, este sencillo esquema sigue un orden que va desde lo más profundo, la consciencia, el ser, hasta lo más superfluo, la gestión de lo que tienes. La mayoría de las personas desea ser más próspera y abundante y tengo que decirte que tú ya eres abundante, solo que a veces no somos capaces de disfrutar de nuestra abundancia y bloqueamos nuestra prosperidad. Y esa prosperidad, para mí, es el dinero y todos los bienes materiales que tenemos.

Tus pensamientos crean tu realidad. Lo que crees es lo que creas, así que enfocarnos en tener una mentalidad próspera y abundante es uno de los caminos para ver nuestra economía sana.

La abundancia va más allá de ese dinero. Es un estado de consciencia, una forma de vivir, y abarca a todas las áreas de nuestra vida (economía, relaciones, salud, trabajo, ocio, desarrollo personal). Es un camino más largo para llegar a tener una realidad material sana, pero más duradera. Ya que es desde el SER desde donde conectamos con nuestra realidad económica.

La **mentalidad de abundancia** está siempre en desarrollo, es una mentalidad enfocada al crecimiento, a sembrar, a cuidar y a permitirse florecer y que todo florezca. Es una mentalidad que quiere compartir y está abierta a aceptar, a abrazar y a amar lo que está sucediendo.

En términos materiales, tener una mentalidad de abundancia, te muestra que:

- ganas
- ahorras
- inviertes
- compartes
- y gastas dinero

de forma sana, respetando tu tiempo, tu espacio, tu energía y tus preferencias. Valorándote a ti.

La **mentalidad de escasez,** por el contrario, es una mentalidad fija, estructurada, en la que todo cuesta mucho esfuerzo y trabajo. Con una mentalidad de escasez sentimos que todo es más pesado, estamos más tiempo del que nos gustaría trabajando y lo hacemos todo con muuucho esfuerzo. Los números no nos salen, nos cuesta trabajo poner precio a lo que hacemos, etc.

Para conseguir conectar con tu Felicidad Económica, el primer paso es ponerle palabras a cómo es tu mentalidad. Para ello, te propongo el ejercicio del círculo de tu economía.

La frase «El dinero es un potenciador» fue muy reveladora.
Cuando me agobio, o cuando atravieso épocas de escasez,
me digo que está todo bien, que es suficiente.
Me pongo la playlist que me hice dedicada al dinero y recupero
la relación con él, como cuando te tomas un café con una
amiga a la que hace mucho que no ves y os ponéis al día.

—Carolina Cañellas—

El círculo de mi economía

1. Mira este círculo dividido por la mitad y piensa en tu forma de ganar, invertir, ahorrar, compartir y gastar dinero.

2. En la parte derecha del círculo escribe situaciones que quieres mejorar.

3. En la parte izquierda, las situaciones en las que te sientes a gusto o satisfecha.

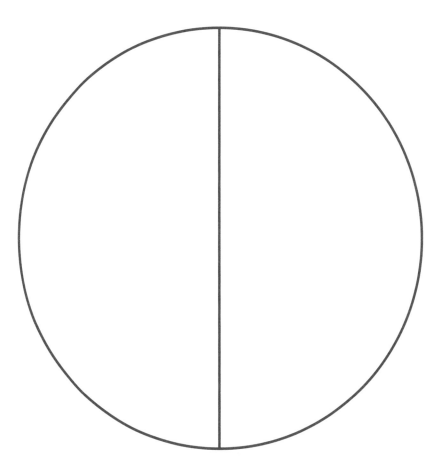

4. Observa tu círculo y responde: ¿qué información sientes que te aporta tu círculo en cuanto a tu mentalidad?

....

....

....

....

....

....

....

....

....

....

....

....

....

....

....

....

....

5. ¿Qué dice tu círculo sobre tu economía? ¿Y sobre ti? Escribe las conclusiones.

6. Sientas lo que sientas sobre tu mentalidad y sea como sea, quiero decirte que es perfecta así. No la juzgues. Si hay algo que no te gusta y quieres cambiarlo o transformarlo, ponerle realidad y foco es el primer paso.

   Si es así, escríbelo aquí (este es tu mapa del tesoro para seguir descubriéndote):

....

....

....

....

....

....

....

....

....

Quiero recordarte que está bien que en tu día a día vayan apareciendo las dos mentalidades; lo importante de todo esto es que cada día seas más consciente de qué piensas y sientes, para así poder elegir desde dónde quieres vivir la relación con tu dinero y tu economía. Estamos en el camino. Honra el tuyo.

Enhorabuena por el compromiso que has hecho contigo.
¡Disfruta de tu día y de tu Felicidad Económica!

Tus creencias
vs
tus pensamientos

Como ya has podido comprobar, a veces bloqueamos nuestra prosperidad y no somos capaces de disfrutar de ella. Pues bien, una de las razones principales es que tenemos una serie de creencias relacionadas con nuestro dinero que nos impiden disfrutarla.

Para ser consciente de las tuyas, escribe en la siguiente página qué significa para ti el dinero. No lo pienses mucho, dedícale dos minutos como máximo. Cuando lo tengas escrito, continúa leyendo.

Me lo merezco.
Me doy permiso.

—Cati Moreno—

Mis creencias

- ¿Qué significa el dinero para mí?

....

....

....

....

....

....

....

....

....

....

....

....

¿Qué son las creencias? Información almacenada en nuestro inconsciente generada por nuestras experiencias y vivencias. Generalmente se crean desde los 0 a los 7 años a través de la información que recibimos de nuestros padres, abuelos, familiares, maestros, etc.

Estas creencias suelen dirigir nuestros actos sin que seamos conscientes. Si son potenciadoras es genial, pero si tenemos alguna que nos limita, los resultados nos pueden gustar un poco menos.

La buena noticia es que las creencias se pueden observar y una vez que somos conscientes de que están, podemos transformarlas. Así que... ¡vamos a ello!

La idea de tomar consciencia de tus creencias no implica que las elimines ni que las rechaces, sino que las abraces, que las conozcas, que las aceptes y que elijas experimentarlas de otra forma que te permita vivir más libre y conectada contigo misma. Tu abundancia te ama a ti completa, con tus luces y con tus sombras. Por lo tanto, rechazar tus creencias es, de alguna forma, no abrazarte entera y no aceptar tu fuente de abundancia más poderosa, que eres tú misma.

Escribe ahora qué sensaciones te provoca el dinero en tu día a día. Sé lo más honesta contigo posible. Tranquila que nadie te va a juzgar. Cuando lo tengas, sigue leyendo. Antes no, por favor.

- ¿Qué me provoca el dinero en mi día a día?

....

....

....

....

....

....

....

....

....

Ahora vas a comparar lo que has respondido a cada pregunta. Léelo. ¿Notas alguna diferencia?

Es muy probable que sí, porque lo que significa el dinero para ti, representa tus *pensamientos,* y lo que provoca en ti el dinero representa tus *creencias*.

Si hay diferencias entre estos dos apartados, si por ejemplo tu pensamiento es que el dinero es una herramienta para disfrutar de tu tiempo, pero lo que te provoca en tu día a día es ansiedad, verás y sentirás que aquí hay un choque entre el pensamiento y la emoción. Uno dice libertad y la otra, ansiedad, y, por lo tanto, existe un bloqueo causado, probablemente, por una creencia.

Reflexiona sobre esas diferencias, si las hay. Estás observando una información muy potente.

Anota en la siguiente página todo lo que sientas y experimentes.

Recuerda que todo lo que vayas descubriendo durante estos 29 días es una información muy valiosa que te ayudará a mejorar tu relación con tu dinero. Estás dándole luz.

Gracias por estar aquí, descubriéndote.

¡Disfruta de tu día y de tu Felicidad Económica!

Mis conclusiones

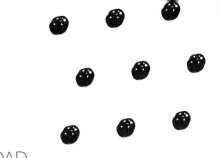

El sentido
de las creencias

En la introducción de este libro de trabajo te decía que quería que vivieras esta experiencia como un juego. El juego es un gran aliado para abrir la mente, ya que te das el permiso para divertirte y aprender. Y de esta manera todo cobra sentido. Hemos venido a esta vida a gozar, a vivirla desde el amor y el disfrute, así que vamos a ponérnoslo fácil.

Para contagiarte esta energía, hoy quiero proponerte dos juegos con el objetivo de darle sentido a tus creencias. ¿Jugamos?

Vivir desde la abundancia es vivir con la intención de crecer.
Crecer de forma alineada a ti, desde el ser.
Cuando tus acciones no son acordes contigo, difícilmente
se consiguen. Hay que entender por qué actúas
de determinada manera, tomar consciencia,
saber qué te limita y, si quieres, cambiarlo o transformarlo,
pero siempre moviéndote desde esta abundancia.

–Sonia Layola–

Mi dinero

Supongo que tendrás WhatsApp, ¿verdad? Pues entra ahora en la aplicación como si fueras a escribir un mensaje y escribe «Mi dinero», de forma aleatoria ve eligiendo una palabra de las que el propio móvil te va proponiendo hasta tener una frase o hasta que quieras parar. Te pongo una imagen de ejemplo para que lo veas más claro. En ella puedes elegir entre 1. «es» o 2. «me». ¿Lo tienes? Pues empieza a jugar. En caso de que no funcione, asegúrate de que tienes instalado el teclado inteligente en tu móvil.

Lee tu frase —la que te ha escrito tu móvil acerca de tu dinero— y siente lo que te está diciendo. Escribe aquí tu frase y tus conclusiones.

....

....

....

....

_____

_____

_____

_____

_____

_____

_____

_____

_____

_____

_____

_____

_____

_____

Sé que saldrán cosas muy divertidas, pero también contienen una información importante para ti. A mí me encanta descubrir los mensajes que nos envía la vida y lo hace de muchas formas, a través de símbolos, de personas, de palabras, de números, de canciones. ¡O de WhatsApp! ¿No te ha pasado alguna vez que has dicho «*Wow*, qué casualidad que esto aparezca aquí, ahora, para mí»?

Yo ya no utilizo la palabra casualidad, me gusta mucho más *causalidad*.

Los cinco sentidos

El siguiente juego que te propongo es que, durante todo el día de hoy, anotes tooodo lo que escuches, sientas, digas y pienses acerca del dinero y lo relaciones con la mentalidad de abundancia y de escasez de la que hablábamos ayer. Observa tus sensaciones cuando pagas, cuando miras tu cuenta, etc. Todo aquello que tenga que ver con dinero.

Pon los cinco sentidos durante todo el día a ver qué hay a tu alrededor y en ti relacionado con esto.

Para anotarlo, puedes usar las notas del móvil, un cuaderno o lo que prefieras, pero te recomiendo que al final del día vengas a estas páginas y lo escribas aquí. Puedes añadirle a cada apunte **MA** (mentalidad de abundancia) o **ME** (mentalidad de escasez) según sientas que se relaciona con una u otra.

Para vivir desde la Felicidad Económica, lo primero es tomar consciencia, y te adelanto que este juego es espectacular porque te ayuda a conectar con tu realidad y a seguir indagando y conociendo tus creencias. ¡Ya lo verás!

¡Disfruta de tu día y de tu Felicidad Económica!

Tu dinero y tus patrones de comportamiento

E spero que el juego de poner los cinco sentidos para dar realidad a lo que hay a tu alrededor referente al dinero fuese revelador para ti. Hoy vas a dar un paso más allá.

Muchos estudios dicen que somos el promedio de las cinco personas con las que más nos relacionamos. Inconscientemente adoptamos su forma de pensar, de hablar, su actitud ante la vida, incluso sus hábitos... Por eso es importante que ahora te centres en ser consciente de lo que estás recibiendo de tu círculo más cercano referente al dinero.

Existen tres comportamientos principales:

- Persona Gastadora.
- Persona Ahorradora.
- Persona Evitadora: es aquella que no quiere hablar de dinero, que prefiere no gestionar sus propios números o que dice que no los entiende. En definitiva, que evita cualquier tema relacionado con el dinero.

Me gustaría que ahora analizaras tus patrones de comportamiento según el uso que haces de tu dinero. Para hacerlo, te propongo el siguiente ejercicio.

Tus patrones

Evalúa de 0 a 10 cómo actúas tú en cada uno de los tres comportamientos que te he citado, siendo 0, nunca actúo de esta forma, y 10, siempre actúo de esta manera.

Por ejemplo:

- Si sueles gastar mucho, rellena de un color hasta el 10 la barra del comportamiento de persona gastadora.
- Si ahorras poco, tendrás que puntuar la barra de tu persona ahorradora rellenando hasta el 3.
- Y si prefieres no sacar el tema del dinero con tu pareja, tendrías que rellenar hasta el 7 la barra de la persona evitadora.

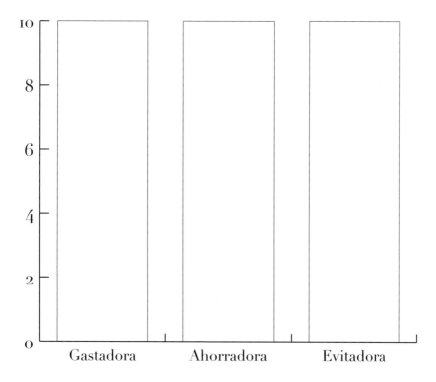

Cuando lo hayas hecho, deberías tener un gráfico como el que te muestro en la imagen.

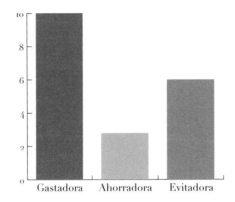

Ahora haz lo mismo también pensando en tus padres o tus cuidadores principales.

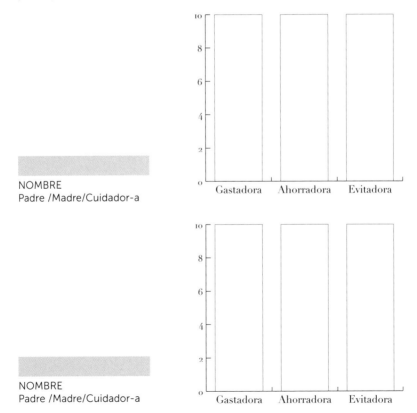

NOMBRE
Padre /Madre/Cuidador-a

NOMBRE
Padre /Madre/Cuidador-a

Te habrás preguntado por qué hacer este gráfico para tus padres, ¿verdad? La razón es que de ellos provienen los principales patrones con respecto al dinero, y para que nuestra relación con el dinero sea sana, es fundamental que aceptemos la relación que tienen nuestros padres con su dinero. Sí, tal y como lo lees, porque pueden pasar dos cosas:

- Que copiemos sus patrones y que nos comportemos igual que alguno de ellos (o los dos).

- Que los rechacemos y actuemos de forma totalmente opuesta a ellos.

En cualquier caso, lo importante es que tomes consciencia para poder elegir desde tu libertad cómo quieres que sea tu comportamiento. Las cosas llevadas a sus extremos suelen hacernos daño y lo ideal es que encuentres ese equilibrio que te permita estar alineada con tu economía y con el que te sientas realmente cómoda.

«Tú vales.» Para mí estas dos palabras concentran muchísima fuerza y energía. Tengo un papelito con ellas colgado al lado del espejo. Cuando me miro al espejo y las veo, me siento superagradecida y a partir del agradecimiento, de la gratitud, surgen cosas maravillosas en la vida. Cuando tomamos consciencia del valor que tenemos cada uno de nosotros, inmediatamente sentimos gratitud, y desde ahí es muy fácil conectar con la abundancia que nos rodea. Y la abundancia genera más abundancia, lo que al final tiene un impacto directo en nuestra felicidad.

–Miquela Vanrell–

Cuando termines este ejercicio, te invito a que escribas una carta de agradecimiento a tus padres (o cuidadores) por haberte mostrado cómo lo hacían ellos, sabiendo y sintiendo que lo han hecho lo mejor que sabían, con los recursos y herramientas que ellos han tenido en cada momento. Además, puedes incluir en esa carta a todos tus antepasados, ya que, debido a nuestra genética, puede que hayas heredado patrones y comportamientos de algunos de ellos, por lo que es muy interesante que, si tienes la oportunidad, te adentres a conocer y a observar tu árbol genealógico y que sepas qué experiencias pueden estar conectadas contigo.

Acepta, perdona, ama y agradece. Así podrás elegir tu propio equilibrio económico.

¡Disfruta de tu día y de tu Felicidad Económica!

Carta de agradecimiento

Transformando tus creencias

Sé que este proceso de observación te estará removiendo sentimientos y emociones. ¡De eso se trata! De poder escucharnos y darle luz a aspectos de nuestra economía que ahora pueden estar bloqueándonos de alguna forma. Queremos sacarlos, mirarlos, escucharlos y darles vida para que así se muevan y se sanen.

Hasta ahora, has estado poniendo claridad para ser consciente de tus creencias acerca del dinero. Ahora vas a empezar a ver cómo transformar las creencias que ahora mismo están alimentando tu ego porque, ¿sabes qué? Todo lo que haces en tu día a día es porque de alguna forma te nutre. Lo que es importante identificar es si lo que se alimenta es tu ego o tu alma, es decir, desde dónde y para qué haces lo que haces.

Para ello, te propongo que en primer lugar leas esta lista de las creencias más frecuentes:

- El dinero no llega fácil, hay que trabajar muy duro para conseguirlo.
- El dinero divide a las familias.
- Los ricos tienen más dinero porque roban a los pobres.
- Los ricos no son buenas personas.
- Mejor pobre pero honrada.

- El dinero cambia a las personas y no para bien.
- El dinero no da la felicidad.
- Los ricos no son felices.
- El dinero corrompe.
- El dinero pudre, es sucio.
- ¿Qué te crees, que el dinero cae de los árboles?
- Si tienes mucho dinero te pueden secuestrar.
- El dinero no me interesa.
- Si tienes dinero, ya no tendrás amigos verdaderos.
- El dinero solo sirve para malgastarlo.
- Lo importante es tener un sueldecito para ir tirando.
- Lo que es capaz de hacer la gente por dinero...
- ¿Quieres ser el más rico del cementerio?
- ¿Te crees que soy el Banco de España?
- Dinero en manos de pobre... pobre dinero.
- El rico no entra en el cielo.
- Es gente de dinero, es diferente.
- La avaricia rompe el saco.
- El dinero es el origen de todo lo malo.
- El hecho de tener mucho dinero me convertirá en una persona menos espiritual.
- Para hacerse rica hay que luchar mucho.
- Tener mucho dinero es una gran responsabilidad.
- Siento que no soy lo suficientemente buena para tener mucho dinero.
- Siendo realista, hay muchas posibilidades de que nunca llegue a ser rica.
- Hacerse rica es cuestión de suerte.
- Si me hiciera rica, no caería bien a ciertas personas o no me gustaría a mí misma.
- No se me dan bien los números.
- Si gano mucho, podría perderlo.
- Este no es el momento adecuado de mi vida para ser libre financieramente.
- No es justo tener más dinero que mis padres.
- No puedes hacerte rica dedicándote a aquello que te gusta y con lo que disfrutas.
- Para hacer dinero, se necesita dinero.
- La gente no debería tener más dinero del necesario para vivir cómodamente.
- Los ricos tienen estrés y problemas de salud.

- Si toda mi familia es pobre...
- No me gusta vender mis productos o servicios.
- Me gustaría no tener que ocuparme del dinero.
- No tengo tiempo para gestionar mi dinero.
- Como tengo poco dinero, no necesito administrarlo.
- La seguridad económica se consigue con un buen trabajo y un buen sueldo.
- Soy buena dando, pero no recibiendo.
- Si eres rica en amor y salud, no necesitas dinero.
- Al hacerme rica, me demostraré lo que valgo.
- Simplemente no estoy hecha para ser rica.
- Cuando tenga más dinero por fin me sentiré segura.

¿Te sientes conectada con alguna de ellas? Subráyalas.

Transformando creencias

Elige las tres creencias limitantes que más conecten contigo. Pueden ser de esta lista o de las que hayas detectado en estos días. Ahora escríbelas.

1. ....

2. ....

3. ....

Piensa en cada una de ellas y escribe: por qué la tienes, para qué la usas y en qué te beneficia (puede que el primer pensamiento sea que no te beneficia en nada, pero, como te comentaba antes, si está ahí es porque te ayuda a algo).

1. ....

....

....

....

....

....

....

2. ....

....

....

....

....

....

....

3. ....

....

....

....

....

....

Si deseas transformar esas creencias, sustitúyelas por tres que te expandan y empoderen. Busca frases que sean positivas y que te motiven.

1. ....

2. ....

3. ....

Soy abundancia.

–Lisa–

Describe cómo sería tu vida con esas creencias nuevas. ¿Qué cambiaría? ¿Cómo sería tu situación económica?

....

....

....

....

....

....

....

....

....

....

....

....

....

....

Las transformaciones requieren tiempo, pero, sobre todo, que des el primer paso. Tu cerebro está atento a tus instrucciones, así que dale las que tú sientas que son sanas y equilibradas para ti.

Elige tres cosas que te conecten con cada una de las nuevas creencias. Por ejemplo: una canción, una piedra preciosa y un olor que te guste.

1. ....

2. ....

3. ....

Por último, empieza a hacer. Toma acción. Busca un momento del día −por ejemplo cada mañana− y escucha la canción, toca la piedra y huele eso que tanto te gusta. Dile a tu cerebro que eso está aquí para ti. Las creencias crean. Así que ponles atención, intención y acción.

¡Disfruta de tu día y de tu Felicidad Económica!

Rituales diarios

¡**H**oy te quiero dar la enhorabuena! Llevas cinco días observándote, descubriéndote y abriéndote a nuevos paradigmas y eso se merece un gran aplauso. Te envío mi total reconocimiento y admiración.

Sea lo que sea que estás sintiendo, recuerda que está bien así. Confía.

Ya has empezado a transformar tus creencias y a ponerles otra energía para verlas de un modo distinto. Te he hablado de los pensamientos y de la importancia que tienen en nuestra realidad, y ahora vas a incorporar también la grandeza de las emociones, porque los pensamientos crean, pero las emociones manifiestan. No solo es lo que te dices, es lo que eres, es tu vibración, tu emoción.

A partir de ahora te invito a que incorpores un ritual a tu día a día para conectar con tu emoción.

Lo mejor es que lo hagas cada mañana antes de empezar a trabajar en este libro. A mí me encanta hacerlo recién levantada. ¡Pruébalo!

*Vive el día de hoy
como si no hubiera un mañana.*

–Cristina Ortega–

Llevo haciéndolo bastante tiempo y me apetecía mucho compartirlo contigo. Es algo que me ayuda a conectar conmigo, a saber qué quiero y cómo me siento.

1. Párate un segundo, haz tres respiraciones profundas y observa qué palabra te viene en ese momento. Anótala.

El sentido de este título es transmitirle una energía sana al día. Es un ejercicio meditativo muy simple, pero ayuda mucho a potenciar tu intuición, ya que te escuchas a ti y te abres a crear.

2. Escribe una afirmación que empiece por «Hoy...» y que refleje lo que quieres incorporar a tu día para hacer posible el título del día.

Te lo explico con un ejemplo: si el título del día es *aprendizaje*, ¿qué quieres incorporar a tu vida para darte permiso para aprender? «Hoy me abro a recibir.»

Como verás, no es una acción para ponerla en tu lista de tareas, no es una acción material. Se trata de algo que te ayude a conectar con el título del día, con tu intuición, contigo.

Es una verbalización de una creencia positiva y ayuda a lograr una sensación de seguridad y confianza. Se trata de hacer afirmaciones que eleven tu energía y te conecten contigo.

Otros ejemplos: hoy me merezco amor, hoy tengo confianza en mi trabajo, hoy merezco que me paguen bien.

HOY...

3. Dedica un minuto a sentir lo que has escrito. Solo un minuto. Siente la emoción de estar viviendo esa palabra y esa afirmación.

Disfruta de este momento, de este ritual. Es un regalo que te vas a hacer para empezar tu día. ¡Vívelo!

¡Disfruta de tu día y de tu Felicidad Económica!

Visualización creativa

Título del día

HOY...

Ya estás a punto de terminar con la parte de la mentalidad. En este periodo de observación, hemos hablado de:

- Mentalidad de abundancia y de escasez

- Los pensamientos

- Las creencias. Hemos tomado consciencia de ellas y tenemos recursos para transformarlas.

- Patrones de comportamiento con respecto al dinero. Les hemos dado luz y contamos con una herramienta para sanar.

- Rituales diarios para conectar con nuestra abundancia, con nuestra intuición y con una energía y una vibración elevadas.

Hoy vas a comprobar el potencial de poner a tu disposición tus pensamientos y tus emociones para crear tu realidad, porque «si no lo creo, no lo veo». La creencia siempre va primero.

Si va a ser, depende de ti. Créelo. Créalo.

–Emmanuel Guerra–

Para eso, te quiero presentar una herramienta práctica. Si tienes la oportunidad, te recomiendo que leas el libro *Tus deseos te están esperando*[1] de Alicia Sánchez y conozcas su herramienta de la visualización creativa. Me encanta Alicia por su forma tan simple y cercana de compartir su sabiduría.

Consiste en formarse una imagen en la mente de algo que no tienes delante utilizando la imaginación. Con esto, como tu mente subconsciente no hace distinción entre lo que ve y lo que visualiza, hace que tu cuerpo sienta, ya que el cuerpo sigue a la mente y con ello, cambia tu energía.

El mejor ejemplo es el del limón. Seguro que lo has hecho alguna vez. Imagínate que coges un limón, lo cortas por la mitad. Toma uno de los trozos, míralo, acércatelo a la boca, lámelo. Es automático, tu boca ha empezado a segregar saliva y tu lengua ha reaccionado como si realmente lo hubieses lamido.

Tómatelo como un juego y empieza a experimentar, sin expectativas. Solo prueba, juega y diviértete haciéndolo.

1. Escoge un objetivo: algo que deseas y quieres conseguir. Sé lo más concreta que puedas.
   Pregúntate si el objetivo es totalmente deseable para ti.
   Pon una fecha límite. Es un recurso poderoso para hacer trabajar a nuestra mente.

2. Hazte una película mental con el resultado final: debe ser una película con imágenes claras, detalles, con sentimientos, emociones. Tienes que sentir lo que experimentarás cuando consigas ese objetivo.
   No te pongas límites. Solo céntrate en cómo te sentirás cuando esté cumplido.

---

1. A.S. Sánchez Pérez, *Tus deseos te están esperando*, Málaga, Editorial Sirio, 2017.

3. Visualiza intensamente: prueba a hacerlo cada día, durante 15 o 20 minutos, antes de irte a dormir o al levantarte. Es importante que estés relajada en el momento de hacerlo.

4. Suelta cualquier expectativa, entrégala al universo.

En su libro, Alicia también cuenta que añadas a cada deseo las frases «esto o algo mejor» y «por el bien de todos». No lo lleves a ningún extremo, solo experimenta, prueba y juega.

Si te encanta el papel como a mí, te propongo un ejercicio que me ayuda a visualizar.

En la página siguiente, escribe tu deseo. Decóralo, ponle mimo, cuídalo. Añade la fecha límite también y las últimas frases que te comentaba.

Disfruta haciendo tu creación. ¡Si te apetece compartirla en Instagram, estaré muy feliz de verla! Recuerda etiquetarla con el *hashtag* #FelicidadEconómica.

¡Disfruta de tu día y de tu Felicidad Económica!

Mi deseo

LOS 7 DÍAS DE MENTALIDAD

Como te decía, en esta semana de observación hemos indagado y descubierto cosas sobre:

- Mentalidad de abundancia y escasez: nos hemos observado.
- Los pensamientos: hemos reconocido nuestros pensamientos.
- Las creencias relacionadas con el dinero: hemos tomado conciencia de ellas y tenemos recursos para transformarlas.
- Los patrones de comportamiento con respecto al dinero: les hemos dado luz y contamos con una herramienta para sanar.
- Rituales diarios para conectar con nuestra abundancia, con nuestra intuición y con una energía y vibración elevadas.
- Visualización creativa: claves para crear.

Para que puedas sacarle el máximo partido posible a esta semana, te invito a que contestes estas preguntas, que te ayudarán a asentar lo que has observado, trabajado, aprendido e interiorizado.

1. De 0 a 10, siendo 0 nada y 10 todo, ¿cómo ha sido tu compromiso con este camino?

2. ¿Qué pensabas antes del dinero y qué piensas ahora?

....

....

....

....

....

....

3. ¿De qué te has dado cuenta?

....

....

....

....

....

....

....

4. ¿Qué has aprendido?

....

....

....

....

....

....

5. ¿Qué cosas quieres incorporar a tu día a día?

....

....

....

....

....

....

....

Si te apetece compartir estas respuestas conmigo, estaré encantada de recibirlas, de ver tus avances, de sentirlos. Puedes escribirme al *email*: 29dias@nievesvillena.com

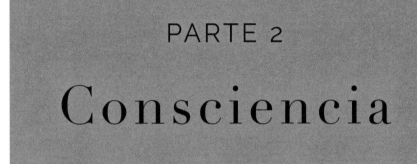

PARTE 2

Consciencia

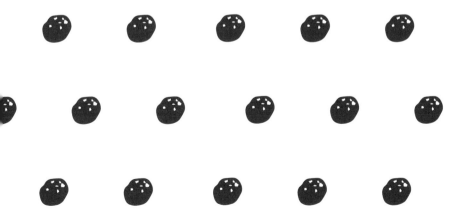

El psiquiatra y ensayista suizo Carl Jung decía que la felicidad es «consciencia de evolución», o lo que es lo mismo, darte cuenta de que creces y te desarrollas.

Por eso, estos ocho días que tenemos por delante los vamos a dedicar a cultivar tu consciencia. A crecer, a desarrollarte y a ser consciente de qué estás haciéndolo.

Vamos a empezar una semana de siembra, de poner claridad, de nuevos comienzos y de poner nuestra intención en ellos. A lo largo de estos días voy a compartir contigo las *Siete leyes espirituales del éxito* del médico y escritor Deepak Chopra[1] que a mí me acompañan en mi camino y deseo que a ti también te guíen en tu crecimiento y desarrollo del área económica, pero que también podrás aplicar a tu vida en general.

Irás conociendo día a día una ley nueva y, además, siguiendo la línea de lo que hemos avanzado hasta ahora, te daré ejercicios para que te sea fácil conectar de forma práctica con estas leyes y, sobre todo, contigo.

Además, quiero proponerte una herramienta para llevar a cabo durante estos días de consciencia, para que te sea más cómodo interiorizar las leyes. Durante estos días, una vez que hayas leído el texto correspondiente, te pido que siembres una semilla nueva en una maceta. Elige las plantas que tú quieras y pon la intención de que esa siembra y ese crecimiento que harás estos ocho días se den también dentro de ti.

¡Es un ejercicio muy bonito que te invita a conectar con la naturaleza y con los ciclos de la vida y a comprobar por ti misma que la abundancia está en cada una de tus acciones!

---

1. D. Chopra, *Las siete leyes espirituales del éxito*, Madrid, Editorial Edaf, 1996.

Posibilidades y creatividad

Título del día

HOY...

Empezamos con la primera ley, la **Ley de la Potencialidad Pura**. Cuando hablamos de *potencialidad pura*, nos referimos a que cuando tú conectas contigo y sabes quién eres, tienes delante de ti todas las posibilidades y además un poder muy bonito, el poder de una creatividad infinita.

Cuando te conectas con tu ser, contigo, deja de existir la necesidad que algunas veces tenemos de lucha, de querer controlarlo todo. Además, dejas de tener la necesidad de un reconocimiento externo para sentirte bien y confiada, reconoces tu propio valor y te sientes merecedora. Y es cuando realmente crees en ti misma, en lo que eres, haces, dices, piensas y sientes, es en ese momento cuando aparece la autenticidad y la coherencia.

Todo se da dentro de ti en armonía y las cosas son fluidas. No hay lucha, no hay preocupación, sino ocupación. Y es desde esa conexión donde podemos crear relaciones, situaciones y circunstancias sanas que nos ayuden a crecer desde el respeto y el amor verdadero.

El dinero que recibes es una consecuencia de esa coherencia, de aportar valor a través de lo que eres, de la conexión contigo. Nos han hecho entender que el dinero es el fin de lo que haces, y que cuanto más te esfuerzas, más luchas, más te ahogas, más dinero tendrás.

Y la realidad está lejos de eso. Cuanto más conectada estás contigo, más valor aportas a los demás, y como consecuencia de ese amor hacía ti, de ese respeto de tu tiempo, espacio y energía, y del amor hacia las personas que conectan contigo, el dinero fluye.

¿Cuáles son las claves para que se dé esta conexión y cómo puedes llevarlas a cabo?

1. **Apaga tu radiomente** (como dice la jefaza Charo Vargas de Charuca): ya sabes que cuando nos enredamos en según qué pensamientos, nos enfocamos más en el problema que en la solución, y esto solo hace aumentar el problema ya que, como hemos visto, donde tenemos el foco, así creamos nuestra realidad.

   Te comparto un truco que a mí me funciona para silenciar la mente. Cuando me doy cuenta de que tengo un pensamiento que no me ayuda, digo la palabra *Next* y me centro en otra cosa. De esta forma, en el momento en el que soy consciente de que el bucle está ahí, cambio y no sigo creando en este lugar.

   Puedes elegir la palabra que quieras, *Next* es solo un ejemplo. Pero busca una que te haga soltar y cambiar ese pensamiento y dila tantas veces como necesites.

2. **Medita:** dedica unos minutos al día a estar contigo. Para empezar, puedes hacer los rituales del día 6 (en la página 57), que te pueden ayudar a escucharte y a conectar.

Tengo un cuerpo maravilloso y merecedor
de toda la abundancia.

—Núria Castelló—

También puedes recurrir a alguna meditación guiada (en YouTube puedes encontrar muchas) o, simplemente, ponte una alarma en el móvil cada dos o tres horas para recordarte que debes parar un minuto y volver a ti.

Es una sensación que me encanta, porque en nuestro ritmo frenético del día a día, con esta señal te das permiso para parar y escucharte, lo que ayuda mucho a continuar más conectada.

3. **Suelta las etiquetas**: cuando estás constantemente evaluando, clasificando, juzgando y analizando, creas una energía muy baja y mucho ruido dentro de ti que no te permite escuchar lo que te quieres decir. Juzgamos de forma casi inconsciente, por la costumbre y el hábito.

   Debes ayudar a tu mente a salir de ahí. No juzgues, juega, prueba a decirte de vez en cuando: «A partir de ahora no voy a juzgarme ni a juzgar nada de lo que ocurra» y cúmplelo al menos durante la siguiente hora.

   Como sabes, casi siempre los juicios más duros los hacemos sobre nosotras mismas. Así que, ¡páralo!

4. **Conéctate** con tu parte de Agua, Fuego, Tierra y Aire a través de estar en contacto con la naturaleza. Conecta con tu energía femenina y con tu energía masculina, a través de tu creatividad, de tu serenidad, de tu forma de nutrirte, de tu impulso, de tu conocimiento. Recibe, organiza, inicia, practica. Busca el equilibrio entre tus dos energías. Ve al mar o a la montaña, pon los pies en la tierra, respira aire puro, mira un atardecer o simplemente siente la brisa en la cara, pero date el espacio de ese contacto con la naturaleza, que tanto tiene que enseñarnos. Observarla un rato es ver abundancia a borbotones.

¡Te toca darte permiso!

¡Disfruta de tu día y de tu Felicidad Económica!

Potencialidad pura

¿Qué vas a hacer en este momento para poner en práctica esta ley?

....

....

....

....

....

....

....

¿Qué vas a dejar de hacer?

....

....

....

....

....

....

....

DÍA 9 ● CONSCIENCIA

Dar y recibir

Título del día

HOY...

Me encanta la ley que voy a compartir hoy contigo, es una ley tan bonita, tan generosa y tan abundante... ¡Se trata de la **Ley de Dar y Recibir**!

Para mantener la abundancia circulando en tu vida, tienes que dar aquello que quieres ver en ella. Si quieres ver amor, aprende a amarte a ti misma y a los demás. Si quieres ver felicidad, dales felicidad a otros; si quieres abundancia, ayuda a otros a tenerla, alégrate de sus éxitos, agradece poder aprender de ellos, comparte tus logros y abraza tu vulnerabilidad.

Tu mente, tu cuerpo, tus emociones y tu energía están en constante movimiento, ¿verdad? Pues lo mismo ocurre con el universo, que es dinámico y, por lo tanto, es importante mantener en circulación el dar y el recibir.

Si hablamos de dinero, te cuento... El dinero también es energía, por lo que debe estar en movimiento. Si lo estancamos, si no lo movemos, su circulación se para.

Hoy y siempre mi economía fluye como un manantial
que brota y va repartiendo abundancia.

—Inma Fita—

Ocurre lo mismo, por ejemplo, en una relación de pareja. Si no la disfrutas, si no la amas, si no la cuidas, seguramente la relación acabará, ¿verdad? Pues con tu dinero pasa lo mismo: si no lo mimas, no lo disfrutas y no lo tienes en cuenta de una forma sana, sino que quieres atraparlo a toda costa, lo persigues, solo te enfocas en que no se acabe, él querrá huir, y tú seguirás corriendo detrás de él.

Entender el dinero como una relación cambió completamente la mirada hacia mi economía, y me parece clave para poder dar un paso adelante en cuanto a llevarnos bien con nuestro dinero. Piensa en el dinero como ese aliado que te acompaña y te ayuda a seguir aportando valor, cuídalo desde el respeto, mímalo, trátalo como un compañero de viaje, ve con él de la mano, no delante ni detrás, sino a su lado, y cuando lo hagas, cuéntame los cambios. He escuchado cosas maravillosas.

El dinero es un símbolo de intercambio, es lo que recibes por el valor que aportas al mundo. Cuanto más valor das, más recibes, ya que cualquier cosa de valor en la vida se multiplica cuando se da.

Por eso es importante que, desde el querer dar, quiero decir, que cuando se produzca una ocasión de dar, des sin expectativas, des porque quieres, des desde el amor.

La intención debe ser siempre la de crear felicidad para el que da y el que recibe.

Muchas veces no nos cuesta dar, pero sí recibir. Nos avergonzamos al recibir halagos, nos cuesta poner precio a nuestros productos y/o servicios, nos sentimos mal al pedirle a un cliente lo que nos debe... Pero no debes olvidar que la ley es recíproca y el saber recibir también es abundancia. Es quererte, respetarte y valorarte. Es agradecer lo que la vida te está dando.

Te propongo que hoy practiques esta ley y que la disfrutes. Para hacerlo, te dejo algunas propuestas que te pueden ayudar a hacerlo:

1. Ya sabes que un sinónimo de regalo es presente, y no es casualidad. Por eso, para estar presente, cada vez que te relaciones con alguien durante el día de hoy, dale algo, regálale algo. No hace falta que sea algo material, puede ser una palabra de apoyo, un abrazo, un reconocimiento, una sonrisa. ¡Ya verás qué bien sienta y cómo cambia la energía!

2. Observa todo lo que recibes en el día, sé consciente de ello. Pon tu foco en lo que recibes y agradécelo. Todo, y aunque te cueste, cuando alguien te haga un cumplido, también agradécelo.

Esta ley tiene algo muy curioso que debes experimentar por ti misma y es que cuanto más das más recibes, pero también más aprendes a dar.

¿A que es una ley espectacular?

Yo cada día recibo regalos en forma de palabras o imágenes de las personas que leen este libro. GRACIAS, de verdad, GRACIAS. Me hacéis muy feliz.

¡Ah! Recuerda que estamos en la semana de la siembra, así que es el momento de plantar tu semilla para ir viéndola crecer.

¡Disfruta de tu día y de tu Felicidad Económica!

Causa y efecto

Título del día

HOY...

¿Cómo te fue el día de ayer dando y recibiendo «regalos»? Qué bien sienta y cómo fluye todo, ¿verdad? Hoy te quiero hablar de dos cosas que para mí son muy importantes y que forman parte de otra ley del universo, de la **Ley Causa y Efecto**.

Todo lo que te pasa, pasa para algo. Para que tomes consciencia, aprendas, sanes y vivas desde tu equilibrio.

Las decisiones que tomas tienen un efecto en tu vida. El *karma* nos dice que cada una de tus acciones genera una energía que regresa a ti de la misma forma, es decir: lo que siembras, cosechas.

El dinero es energía, es lo que nos permite conseguir nuestros objetivos y aspirar a retos cada vez más emocionantes. Cuanto más valor aportamos al mundo, este nos lo devuelve en forma de dinero, que es energía para, a su vez, generar más valor.

–Esther Moraleda–

Esta ley nos habla de que lo que está sucediendo en este momento en tu economía (y en todas las áreas de tu vida) es también el resultado de las decisiones que has ido tomando.

¿Qué ocurre? Que a veces eres consciente de las decisiones que tomas y otras no, ya que las tomas desde tu parte inconsciente, debido a las creencias y/o patrones heredados o adquiridos y vas haciendo las cosas en modo «piloto automático».

Y no sé si a ti te pasa o te ha pasado, pero a veces cuesta mucho tomar una decisión y te sientes sin herramientas para hacerlo.

La clave está en que, cuantas más decisiones tomes desde la consciencia, desde el conocerte, estas estarán cada vez más conectadas contigo, con lo que deseas y serán más sanas para ti y para los que están a tu alrededor.

¿Cómo puedes practicar esto? Una de las herramientas que más me sirve es la de utilizar preguntas poderosas, que son preguntas que te hacen reflexionar, te ayudan a encontrar y sentir tu propia realidad.

Te invito a que, durante el día de hoy, ante cualquier decisión que tomes, por muy pequeña que sea, te preguntes:

1. ¿Cuáles son las consecuencias de la decisión que estoy tomando? Párate un segundo y escúchate, en tu interior tienes muchas respuestas.

Si no tienes la certeza de continuar con la decisión como habías pensado, no la tomes así. Tómate tu tiempo, no pasa nada. Suelta tu autoexigencia.

Las oportunidades pasan por delante de ti las veces que sean necesarias para que tú aprendas lo que tengas que aprender. El tren no solo pasa una vez. La vida es tan generosa y abundante, que pasará las veces que tú requieras para crecer, eso sí, de diferentes formas.

Además, hay algo que siempre está dentro de ti, y es la posibilidad de elegir, esa es nuestra mayor libertad, el poder elegir. Y esto lo podrás hacer en cualquier momento.

2. ¿Esta decisión es buena para mí? ¿Y para todos?

Pregúntate si lo que haces es bueno para ti y para todos. Si es así, continúa; si no, busca otra opción hasta que tú sientas que sí. De este modo, tomarás la decisión desde lo mejor que sabes en este momento y con una buena intención. Con ello no me refiero a que te aporte alegría, sino a que tengas la certeza de que ese es el camino, aunque aparentemente te cause dolor en este momento.

A veces tomamos decisiones desde el miedo, desde no querer pasarlo mal, sabiendo e intuyendo que lo que estamos decidiendo no es lo que nuestro interior está pidiendo. Escúchate mucho.

3. ¿Qué señales está dándome mi cuerpo? ¿Cómo me siento? ¿Qué siento?

Utilízate como guía. Si te sientes cómoda con tu decisión, entrégate a ella. Si te produce algún malestar, recuerda que siempre tienes el poder de elegir.

4. ¿Para qué estoy viviendo esto? ¿Qué puedo aprender de aquí?

Esta pregunta es evolución pura, desarrollo, crecimiento y expansión. Házela siempre que quieras y aprovecha tus aprendizajes.

Disfruta mucho de este ejercicio, de tomar consciencia de tus decisiones y de estar cada día más conectada contigo.

Por favor, ¡recuerda la semilla! Siembra hoy empoderamiento y consciencia en tus decisiones.

¡Disfruta de tu día y de tu Felicidad Económica!

Haz menos, logra más

Título del día

HOY...

Llevamos once días de camino hacia tu Felicidad Económica, un número que ya sabes que es mágico para mí y que me acompaña en muchos aspectos de mi vida.

En este día quiero compartir contigo una ley que rompe muchos patrones y suele chocar con nuestro ego. Es la **Ley del Menor Esfuerzo**, la de haz menos y logra más.

Haz menos, logra más.

- ¿Qué te sugiere?
- ¿Te has preguntado alguna vez cuál es tu concepto de esfuerzo?
- ¿De trabajo?
- ¿El trabajo debe ser sacrificado?

Son preguntas muy potentes que desbloquean y sanan muchas cosas.

Si, por ejemplo, el trabajo para ti implica esforzarte al máximo sin tener en cuenta si es sano para ti, y por eso dedicas al día mil horas y esto te provoca un desequilibrio, tomar consciencia de ello te ayuda a responsabilizarte, tomar acción y cambiar esta forma.

Con esto no quiero decir que no te esfuerces, sino que revises tu concepto de esfuerzo, trabajo y sacrificio. He visto en muchos clientes cómo han equilibrado estos conceptos y los resultados son espectaculares. Todo se vuelve mucho más fácil, más fluido.

Es posible que esta ley dañe a tu ego, esa vocecita que todo el día te dice «HAZ, HAZ, HAZ». Y está genial hacer, es más, hay que tomar acción, pero ¿desde dónde y cómo estás haciendo? ¿Es bueno para ti? ¿Es sano para todos?

¿Te has fijado en la naturaleza? Ella funciona sin esfuerzo, desde la total entrega. La hierba no trata de crecer, simplemente crece. La tierra no trata de girar sobre su propio eje, su naturaleza es la de girar. La naturaleza del sol es la de brillar.

¡Todo llega a mi vida con gran facilidad y gozo!

–Sofia Arnau–

Tu naturaleza es la de vivir desde el amor y gozar de la vida. Hemos venido aquí a disfrutar de nuestra vida y a amar. A manifestar de una forma fácil y sin esfuerzo nuestros sueños para que se conviertan en forma física.

Esto se experimenta cuando estás en armonía contigo misma y no utilizas tu energía en alimentar a tu ego. Por ejemplo, cuando buscas dinero o poder, gastas energía persiguiendo la ilusión de la felicidad en vez de disfrutar de la felicidad del momento.

¡Vamos con la parte práctica! ¿Cómo puedes aplicar este concepto del mínimo esfuerzo a tu día a día?

Te propongo que experimentes con tres mantras (un mantra es una afirmación que tiene el poder de enfocar la mente en lo que quieres manifestar y motivar cambios):

1. **Acepta:** este momento que estás viviendo ahora es como debe ser, es perfecto así.

Cuando luchas en contra de este momento, así como es, estás destinando tu energía y poniendo tu foco en luchar y no en disfrutar. Por lo que se verá manifestada más lucha en tu vida.

Aceptación no es resignación. Cuando aceptas, estás lista para tomar responsabilidad de cómo te sientes y poderlo cambiar. No es conformarte, quedarte paralizada, sin sentir. Aceptar es amar lo que es, como es, sin querer cambiarlo, sin querer eliminarlo, solo amando lo que es.

Prueba durante el día de hoy a aceptar con este mantra y observa qué pasa:

«Hoy aceptaré todo lo que ocurra tal y como ocurra.»

Aquí se incluyen las personas con las que te cruces, situaciones, experiencias, etc. TODO.

2. **Responsabilízate:** esto quiere decir no culpar a nada ni a nadie de tu situación, incluyéndote a ti misma. Hazte parte de lo que estás viviendo. Responsabilízate de todo lo que sientes sin querer cambiarlo. Eso también eres tú.

Cuando aceptas, la responsabilidad significa la habilidad de tener una solución creativa a la situación tal y como se presenta ahora.

Un mantra para poner en marcha la responsabilidad:

«Hoy no culparé a nadie ni a nada, incluyéndome a mí misma.»

3. **Sé flexible:** estar siempre dispuesta a aprender, a adaptarte, a no ver las cosas blancas o negras, te permite vivir en el presente, ya que no te centras en defender un punto de vista rígido, sino que te abres a la posibilidad de aprender e incorporar todo lo que esté aquí y ahora para ti.

El mantra que te propongo para experimentar esta flexibilidad es:

«Hoy estoy abierta a cualquier punto de vista
y no me apegaré con rigidez a ninguno de ellos.»

Recuerda que cualquier situación que esté ahora mismo en tu vida es la que necesitas en este momento y te está sirviendo para tu evolución y crecimiento.

Este momento es como debe ser. Ámalo, acéptalo, responsabilízate y toma acción desde el amor, la armonía y el respeto hacia tu energía. Fluye.

Disfruta de este día, vive desde el amor y desde tu Felicidad Económica.

Todo está correlacionado

Título del día

HOY...

La ley que quiero compartir hoy contigo es la número cinco, la **Ley de la Intención y el Deseo**. Una ley de la que te adelanté muchas cosas los días seis y siete a través de cómo manifestar nuestros deseos con la visualización creativa.

¿Te acuerdas? Hablábamos de cómo manifestar en tu realidad material tus deseos gracias a tus pensamientos y emociones, a través de la atención y la intención.

La atención es energía y la intención transforma.

Por eso, si pones tu atención y le sumas intención y acción, lo que deseas se manifestará y, además, de forma fácil para ti.

Con la atención pones foco en tu deseo y con la intención le sumas el desapego al resultado, y aquí está la clave de todo esto, en visualizar tu deseo sin apego al resultado.

El dinero vendrá de forma natural como parte del proceso
de aportar valor a los demás y poner a su servicio
lo que sabes hacer por ellos.

—Irene—

Tu intención es para el futuro, pero tu atención está en el presente, y que tu atención esté en el presente es fundamental para que tu intención de futuro se manifieste. Ya que es en este momento en el que estás viviendo y actuando.

Por eso es tan importante aceptar y disfrutar el presente como es y poner intención en el futuro, en lo que quieres crear.

- El pasado es el recuerdo, la memoria.
- El futuro es anticipación.
- El presente es consciencia.

El pasado y el futuro nacen en la imaginación; solo el presente es real.

Vivir centrada en el presente, con los ojos y el corazón muy abiertos, te ayuda a que los obstáculos imaginarios que se montan en tu mente (son más del 95% de los obstáculos percibidos) se desintegren y desaparezcan. El 5% restante puedes cambiarlo por oportunidades a través de la intención.

Para que puedas analizar tu situación en este momento sobre esta ley, te propongo un juego.

Sopa de letras

Aquí tienes tres sopas de letras. Míralas una por una y señala la primera palabra que veas en cada una. De esta manera tendrás tres palabras, una de cada sopa.

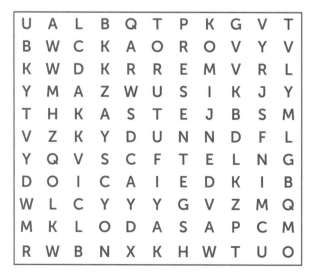

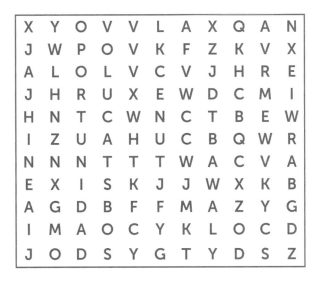

```
X Y O V V L A X Q A N
J W P O V K F Z K V X
A L O L V C V J H R E
J H R U X E W D C M I
H N T C W N C T B E W
I Z U A H U C B Q W R
N N N T T W A C V A
E X I S K J J W X K B
A G D B F F M A Z Y G
I M A O C Y K L O C D
J O D S Y G T Y D S Z
```

¿Tienes las tres palabras? Cuando las tengas escribe lo que te sugieren.
¿Qué dicen de ti y de tu situación actual? ¡Juega, observa y escúchate!

....

....

....

....

....

Si te apetece compartir algo conmigo, estaré encantada de leerte.

Espero que disfrutes mucho de este juego. ¡Diviértete!

¡Disfruta de tu día y de tu Felicidad Económica!

DÍA 13 ● CONSCIENCIA

Soltar

Título del día

HOY...

¿Qué tal te fue con las palabras de ayer? Llenarlas de sentido y preguntarte qué quieren decirte son mensajes reveladores para ti.

Hoy comparto contigo la **Ley del Desapego**, una ley cargada de emociones.

El desapego es una forma de amor hacia ti. Es una manera de darte amor, poder soltar, liberarte, sentirte plena, que no llena, sin espacio, libre.

El apego se basa en el miedo, en la inseguridad, en la sensación de no querer perder, cambiar, avanzar, construir un nuevo espacio y camino. El apego es inflexibilidad y rigidez.

Con el desapego aparece la libertad para crear, para darte permiso, darte espacio, permitirte ser libre. Por eso, viene de una consciencia de riqueza, de estar conectada con tu esencia, con tu ser.

¡Vamos a mirar nuestra economía! ¿A qué solemos apegarnos? A tener un coche, una casa, dinero, ropa, a tener y a tener más y más de todo esto. Simplemente, porque te dejas llevar por lo que te han mostrado que es «necesario» e «importante» tener.

La idea no es que no tengas, es que no estés obligada a tener. Es que estés conectada con lo que tú realmente quieres. ¿A que hay mucha diferencia? A mí esta frase me parece liberadora y llena de sentido.

A veces nos sentimos frustradas, agobiadas, intranquilas, desesperadas, preocupadas, inferiores porque no tenemos aún «todo esto» o «aquello» o porque no queremos perder lo que ya tenemos.

Desde ahí, desde esa necesidad, desde ese apego a estos símbolos, es desde donde aparece la consciencia de pobreza.

Ahora te invito a que te observes a ti y a tu dinero. ¿Qué esperas que te aporte?

Esta pregunta es muy potente, no hace falta que la contestes rápido, tómate tu tiempo, siente.

....

....

....

....

....

....

....

Buscando tu verdadero yo descubrirás que solo hay un tú, y serás el yo maravilloso que llevas dentro. Déjalo salir.

–Alba–

Si resulta que esperas de tu dinero que te aporte seguridad, por ejemplo, me gustaría que te plantearas una cosa. Basar tu seguridad en el dinero que tienes es algo totalmente momentáneo. Te explico, si dices «Estaré segura cuando tenga x dinero», estarás persiguiendo esta seguridad durante mucho tiempo y la cifra incluso irá cambiando; cuando llegues a los primeros 1.000 euros que necesitabas para estar segura, necesitarás 2.000 euros, y así el importe se irá moviendo, y tú siempre estarás persiguiendo una cifra. Y esto pasa porque la seguridad no se consigue solo con dinero, hay mucho más allá dentro de ti.

No importa cuánto dinero tengas en el banco. El apego al dinero siempre creará inseguridad. De hecho, podrás ver a gente con mucho dinero, muy insegura.

Las palabras clave son **soltar, incorporar** y **sostener.**

- **Soltar** lo conocido, que es a lo que nos apegamos, y empezar a crear desde lo no conocido. Es ahí donde se abre un abanico inmenso de posibilidades.

- **Incorporar** la incertidumbre. En ese deseo de vivir lo desconocido, aparecerá la sabiduría de la incertidumbre que te hará sentir el entusiasmo, la aventura y el misterio. Si te permites vivir la incertidumbre, aparecerá la diversión de la vida, su magia, su celebración y su capacidad de creación.

- **Sostener** lo que te hace bien, lo que te ayuda, lo que te nutre, lo que te inspira, lo que te aporta.

A lo mejor te estás preguntando si desear algo es estar apegado a eso. Yo me hice muchas veces esta pregunta. Y no, no es estar apegada, siempre y cuando establezcas tus metas, ya que es importante tener la intención de ir en una determinada dirección, pero dejando abierto un mundo de posibilidades entre donde estás ahora y lo que quieres, sabiendo que tú puedes cambiar de dirección en cualquier momento si es que encuentras algo más elevado o más emocionante en tu camino.

Es saber el qué y dejar que ocurra, darle espacio, no interferir en el cómo, confiar en esa incertidumbre y en el momento presente. Abrirte a las oportunidades desde la libertad. Y, además, dejar que, si hay algo mejor para ti, se manifieste.

¿Cómo puedes poner en práctica e integrar esta Ley de Desapego? Te dejo cinco ejemplos de recursos que puedes utilizar cuando quieras:

1. Mantra: «Hoy me comprometo a no tener apego».

2. Permítete y permite a los de tu alrededor la libertad de ser como son.

3. Durante el día de hoy, participa en todo con total desapego. Cada día, puedes practicarlo de forma consciente un ratito para incorporarlo a tu rutina.

4. Suelta:

   ● Forzar soluciones a las cosas.
   ● Imponer tu idea de cómo deben ser las cosas.

5. Incluye la incertidumbre como sabiduría, como parte de tu camino. Abrázala. Acógela. Permite que te sorprenda y te muestre todas las posibilidades.

¡Disfruta de tu día y de tu Felicidad Económica!

Tu propósito

Título del día

HOY...

¡**Y**a llevamos dos semanas caminando juntas! Estamos casi en la mitad de nuestro viaje. ¡Vamos allá con la nueva ley, la séptima! La **Ley de tu Propósito de Vida.**

- Si el dinero no fuese un problema y tuvieses todo el tiempo del mundo, ¿qué harías?

- ¿Cuál es la mejor manera de que lo que haces sirva a la humanidad?

Estas dos preguntas son vitales para esta ley, para saber cuál es tu propósito. Vivir tu propósito de vida es:

- Estar en conexión con tu ser, contigo.

- Saber cuál es tu talento, eso que te hace única.

- Aportar valor a la humanidad con él o con ellos. Puede que tengas varios talentos y está bien así.

Pero también es saber dotar de sentido a lo que estás haciendo ahora mismo, aunque no entiendas bien por qué y tampoco sea del todo lo que te gustaría vivir. Dar sentido es sentir y honrar el momento que estás viviendo, es honrarte como mujer, como persona, como ser.

De esta manera, conectada y en armonía con estos aspectos, podrás generar toda la riqueza desde la conexión contigo, desde tu autenticidad, desde tu certeza y desde el amor y el abrazo a tu persona y a las que aportas.

A. Comprométete contigo para vivir desde esta conexión.

Comprometerte contigo es estar conectada con estos aspectos. Hará posible que puedas disfrutar de expresar tu propósito de vida.

Cuando hablamos de conexión con tu ser, nos referimos a estar alineada con tus valores, conocerte, escucharte, darte permiso y amarte. Abrazar tus miedos, celebrar tus logros, agradecer tu vulnerabilidad. Además, es estar conectada con el universo, con la naturaleza, escucharla, observarla, valorarla y amarla.

B. Descubre tus talentos únicos, disfruta de ti misma. Tú tienes unos talentos únicos y unas formas únicas de expresarlos.

Nadie en el mundo tiene el mismo talento que tú ni lo expresa de la misma forma que tú. Comprométete a descubrirlo, valorarlo y ofrecerlo al mundo.

Puede que ahora no lo veas o que te interesen muchas cosas y pienses que eso no es tener un talento definido, que no sepas ponerle un nombre exacto a lo que haces o a lo que te gustaría hacer. Puede que estés pensando que te falla algo porque no percibes claramente tu talento, pero esto es parte del camino: descubrirte a ti, sin etiquetas, sin valores establecidos, sin un número de serie exacto y rígido, sin límites. Confía en ti, en tu forma de conectar contigo y en tu manera de entender el talento y el propósito de vida. Pregúntate qué significan para ti y cómo y cuál es tu forma única de manifestarlo.

C. Ponlo al servicio de los demás, de las personas que quieren y/o necesitan tu talento único. Ponte al servicio de la humanidad.

Céntrate en ayudar, en aportar valor, en dar, en compartir tu talento de tu forma única, pero dando desde el amor hacia ti misma, cuidándote y respetándote, recibiéndote.

Tú y tus talentos sois muy importantes. Si no los pones a disposición de los demás, estás privando al mundo de una parte que le corresponde. Te estás privando a ti esa conexión contigo y todo lo que te rodea.

Comprométete con ayudar a todo aquel con el que entres en contacto.

Cuando combinas la habilidad de expresar tu talento único con la conexión contigo y el servicio a la humanidad, estás haciendo uso de la Ley del Propósito de Vida. Estás conectada con la abundancia.

Hay una razón por la que estás aquí y que tienes que dar y compartir con el mundo. Descúbrela.

Haz una lista con todas las cosas que te gusta hacer, con las que pierdes la noción del tiempo. ¡No te limites! No pienses en si es profesional o no, el concepto de profesionalidad es diferente para cada persona, así que conecta con el tuyo propio.

....

....

....

....

....

....

....

....

Haz otra lista con cómo puedes ayudar a los demás con cada una de esas cosas que te encanta hacer. Te digo lo mismo que antes. Suelta tus juicios de valor hacia el qué y el cómo. Disfruta escribiendo todo lo que sientas, sin barreras.

....

....

....

....

....

....

Escribe también aquí las cosas que haces para ayudarte, para escucharte a ti misma, para conectar contigo misma.

....

....

....

Valórate tú y los demás también lo harán.

–Virginia–

Confía en ti, en tu forma única de hacer las cosas, en tu manera de expresar lo que eres. Eres única y tienes mucho que compartir con el mundo.

No te quedes pegada a un concepto de competencia erróneo, a ese que te genera desconfianza y miedo porque te comparas con los demás. Descubre el tuyo propio.

Inspira a los demás con lo que haces y recibirás inspiración para poder seguir creciendo, evolucionando y aportando más valor al mundo.

El mundo te espera a ti y a tu talento. Recíbete. Dáselo.

¡Disfruta de tu día y de tu Felicidad Económica!

Querer

Título del día

HOY...

Hace unos días escuché una frase que me encantó: una madre le decía a su hija que, como ella le había enseñado, no solo existe el blanco o el negro, que aparte de la escala de grises de la que siempre se habla también hay un arcoíris de posibilidades.

Y es que así es la vida, de color y de colores diferentes, aunque a veces esté más clara o más oscura, siempre está en movimiento.

Hoy quiero compartir contigo otra ley, la **Ley del Orden.**

Esta ley nos habla de que la abundancia fluye en el momento en el que hemos integrado que el orden es SER - HACER - TENER.

Nos han enseñado a ver este orden al revés. ¿Cuántas veces decimos «Cuando tenga dinero, haré no sé qué y por fin estaré tranquila o por fin seré feliz»?

Confía, todo está bien, todo está en ti.
–Olga Vilarrasa–

Como ves, al decir estas frases estás basando tu SER en lo que tienes o tendrás, es decir, estás empezando desde fuera hacia dentro. Y como hemos visto estos días, lo que tienes es la consecuencia de lo que eres, por lo tanto:

Céntrate en lo que construyes desde tu SER. Es desde aquí desde donde se ponen las bases de la abundancia.

Haz las cosas desde la conexión contigo. Aparca el piloto automático y pon atención e intención a cualquier pasito que des. Escúchate para que este hacer tenga sentido en tu vida.

Abraza lo que tienes y deja espacio para lo que estás construyendo y te llega cada día. Agradece cada pequeño regalo que recibes.

Sobre todo, disfruta del camino de crear a través de la conexión contigo.

Para mí, tiene sentido incorporar otra palabra a esta ley: QUERER.

Todo empieza con el compromiso contigo, con querer vivir desde aquí, con querer incorporar esto a tu vida.

Ocúpate de ti, date permiso para:

- Soltar las expectativas.
- Sostener tus emociones y sentimientos.
- Disfrutar del camino, tal y como es.

Abrazar y honrar lo que llegue a tu vida, tanto material como en aprendizaje. Quiere a tu ser, quiere a tu forma de hacer, quiere lo que tienes. Quiere.

- Querer es mover.
- Mover es impulsar.
- Impulsar es brillar.
- Brillar es transformar.
- Transformar es entregar.
- Entregar es amar.

Para que puedas poner en práctica la ley del orden, hoy te propongo un ejercicio.

- Más adelante encontrarás una hoja dividida en ocho partes iguales. Ten a mano dos rotuladores de diferente color y escribe en cada trozo, en la parte de arriba –con uno de los rotuladores–, buscando dentro de ti, todas las frases que te dices a ti misma del tipo: «Seré feliz cuando...» o «Estaré tranquila cuando...» o «Estaré segura cuando...».
  Por ejemplo: Estaré tranquila cuando termine de hacer la lista de tareas pendientes.
  Escribe todo lo que te salga.

- Ahora mira todo lo que has escrito y escribe debajo y con el mismo color las sensaciones que están provocando en tu día a día cada una de estas situaciones.
  Por ejemplo: dolor de barriga, intranquilidad, miedo, estrés, etc.
  Ilumina. Ahora vamos a transformar estas frases.

- Por la parte de atrás de la hoja, escribe en otro color las frases, ahora cambiando el tiempo de los verbos, y en vez de en futuro, pon esas mismas frases en presente. En vez de «Seré feliz cuando...», cámbialo por «Soy feliz», en vez de «Estaré tranquila...», escribe «Estoy tranquila...».
  Ponlas en presente para darles acción y sustituye las palabras que te generan malestar, o lo que es lo mismo, cambia el «Cuando termine las tareas pendientes» por «Haciendo mis tareas». De forma que la frase quedaría: «Estoy tranquila haciendo mis tareas».

- Pregúntate qué emoción te genera esa nueva frase ahora y escríbela justo debajo de las nuevas frases, justo detrás de las emociones que habías escrito al principio, utilizando este último color.

  – **¿Hay diferencias?** Seguramente, tu emoción ha cambiado, porque ahora estás conectando desde lo que eres y no desde lo que serás cuando lo tengas.

  – **¿Cómo lo quieres vivir?** Relaja tu autoexigencia, suelta las expectativas y construye desde este ser. Póntelo fácil.

¡Disfruta de tu día y de tu Felicidad Económica!

LOS 8 DÍAS
DE CONSCIENCIA

Ya llevamos quince días caminando juntas. Me siento muy afortunada de estar acompañándote en este camino hacia la Felicidad Económica y a vibrar en la abundancia.

En esta semana de siembra, hemos conocido las leyes espirituales del éxito:

- Ley de la Potencialidad Pura
- Ley de Dar y Recibir
- Ley de Causa y Efecto
- Ley del Menor Esfuerzo
- Ley de Intención y Deseo
- Ley del Desapego
- Ley del Propósito de Vida
- Ley del Orden

Para que puedas sacarle el máximo partido posible a estos días trabajando la consciencia, te invito a que respondas estas preguntas para asentar lo que has observado, aprendido e interiorizado.

1. De 0 a 10, siendo 0 nada y 10 todo, ¿cómo ha sido tu compromiso con este camino?

2. ¿Qué pensabas antes del dinero, de tu economía o de la vida y qué piensas ahora?

....

....

....

....

....

....

....

3. ¿De qué te has dado cuenta?

....

....

....

....

....

....

....

4. ¿Qué has aprendido?

....

....

....

....

....

....

....

5. ¿Qué cosas quieres incorporar a tu día a día?

....

....

....

....

....

....

....

Si tienes cualquier pregunta de todo lo que hemos visto esta semana, quieres profundizar más en algo o simplemente te apetece compartir estas respuestas conmigo, escríbeme a 29dias@nievesvillena.com. Estaré encantada de recibirlas, de ver tus avances y de sentirlos.

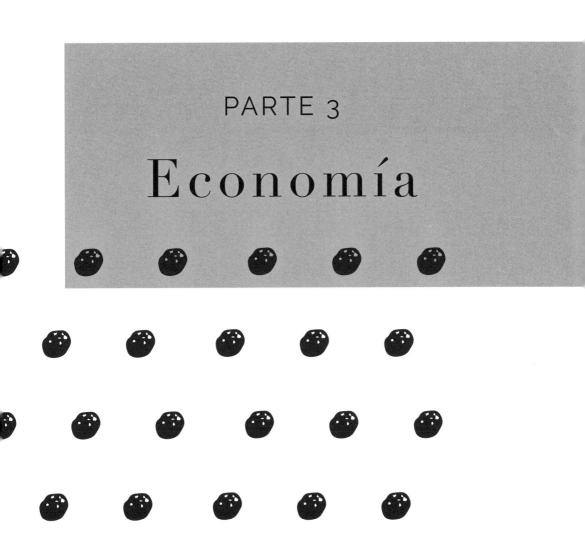

PARTE 3
Economía

hora empiezan siete días en los que nos meteremos de lleno con la economía. Es una etapa de crecimiento y expansión y la energía estará más dirigida a tener más objetividad en los asuntos prácticos. La acción, el conocimiento y la responsabilidad de ordenar nuestros números se unen en estos días.

La inteligencia financiera es la suma de:

- Entender y comprender tu economía.
- Tener el conocimiento, las habilidades y herramientas para gestionarla.
- Contar con una actitud económica que te ayude a tener una economía sana.

El objetivo de esta semana es que tengas herramientas para poner en orden tu dinero. ¿Te apetece? Pues, ¡vamos allá!

Cosas para tener en cuenta:

- Cada persona tiene una realidad económica diferente y, por lo tanto, una forma única de gestionar su dinero. Así que siéntete libre de añadir esa parte de ti para crecer en esta área.

- Pon en marcha tu creatividad. Hacer que la gestión de tu economía sea divertida y te apetezca seguramente te parecerá una utopía, pero es posible y más fácil de lo que crees.

- En estas dos semanas anteriores, habrás descubierto cosas sobre el dinero que te han sorprendido y puede que ahora tengas una visión diferente a la que tenías cuando empezaste. Así que ya sabes que es posible transformar la actitud que tienes hacia tus números si te está impidiendo disfrutar de ellos.

- Y, sobre todo, date permiso para abrazar tu economía tal y como es. Es sano aceptar y construir desde el amor y no desde el miedo.

Recuerda que la abundancia ama el orden, el orden alineado contigo, tus valores y tu esencia.

Como ya te he comentado, todo está en movimiento, así que no te preocupes si hay cosas que no te gustan ahora o que no entiendes. Todo pasa y esto también pasará. Es momento de tomar consciencia y pasar a la acción.

¡Empezamos!

Tu realidad económica

Título del día

HOY...

Hoy te propongo que analices cuál es tu situación económica en este momento y cuál es tu satisfacción personal con ella. Para esto, te presento la rueda financiera en la que vas a ir evaluando de 0 a 10 −siendo 0 «nada» y 10 «totalmente»− el nivel de satisfacción que sientes en este mismo momento con cada uno de los siguientes ítems:

- **Tu colchón económico:** es una cantidad de dinero destinada a cubrir todos tus gastos en caso de que no tengas ningún ingreso. Lo ideal es que este colchón te permita −como mínimo− poder estar un año sin tener ningún tipo de ingresos y, aun así, cubrir todos tus gastos.

- **Tus necesidades básicas:** Primero haz una lista de cuáles son las tuyas, porque no todos tenemos las mismas. Para mí, es muy importante que hagas tu propia clasificación.

- **Tu inversión:** es el dinero que destinas a productos y/o servicios que te ayudan a aumentar tus ingresos. Aquí puedes incluir la formación, ya que seguramente es una de las mejores inversiones que puedes hacer.

- **Tu jubilación:** una vez que dejes de trabajar, cómo se va a sostener tu economía.

- **Tu ahorro:** este es el dinero que tienes destinado para cumplir tus metas más concretas y/o para posibles imprevistos.

- **Tu libertad financiera:** es la cantidad de ingresos pasivos (que no dependen de tu tiempo) que te permiten dejar de trabajar y seguir generando ingresos, aportándote libertad de tiempo, espacio y movimiento.

- **Tu nivel de deudas:** dinero que destinas a pagar préstamos y/o cualquier otra deuda pendiente.

- **Tu comunicación con respecto a tu economía:** Con esto me refiero a cómo hablas de dinero con tu pareja, familia y/o amigos. ¿Es una comunicación fluida? ¿Es fácil para ti?

Recuerda que estamos evaluando tu grado de satisfacción, así que escúchate, siéntete. Ve marcando el nivel de satisfacción que sientes en cada uno de ellos y, cuando acabes, une los puntos. Tendrás una imagen parecida a esta.

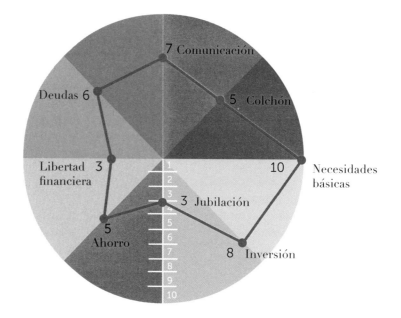

Tu rueda financiera

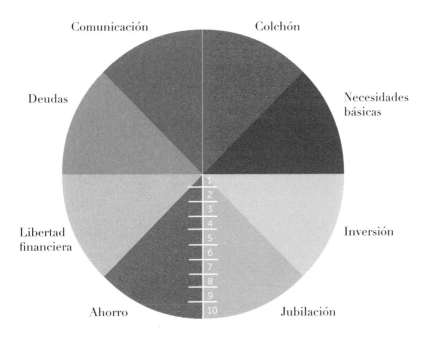

Comunicación Colchón

Deudas Necesidades básicas

Libertad financiera Inversión

Ahorro Jubilación

Observa tu resultado. ¿Cómo ves tu rueda? ¿Qué ves en tu rueda? Si quieres, escribe tus conclusiones.

....

....

....

....

....

....

La riqueza está dentro de ti.

–Sergio Luque–

Lo ideal –y hacia lo que tenemos que caminar– es que exista equilibrio, es decir, que los ítems tengan más o menos la misma puntuación y, lógicamente, que estén lo más cerca posible del diez.

Sea lo que sea que ves y/o sientas, quiero que sepas que es perfecto así, tanto para valorar lo que estás haciendo como para transformarlo si es lo que quieres.

Para terminar, te invito a que ordenes los ítems que te he propuesto según tu prioridad, siendo el primero el que más valoras y el más importante para ti, independientemente del resultado de la puntuación que tenga en la rueda.

De esta forma vas a comenzar a poner el foco en lo que quieres construir y tendrás una hoja de ruta más clara.

....

....

....

....

....

....

....

Ahora ya sabes desde dónde partes y esta toma de consciencia es el camino para tomar acción.

¡Disfruta de tu día y de tu Felicidad Económica!

Excelencia financiera

Título del día

HOY...

Estoy segura de que la rueda financiera te ayudó a arrojar luz sobre la realidad de tu situación económica actual. ¡Enhorabuena, porque esa toma de consciencia es el principio!

Quería recordarte que todo está bien así, que el poder ver esta realidad y tomar consciencia es muy importante para tomar la decisión de transformar y saber por dónde empezar.

El objetivo de ayer era ver desde dónde partes a nivel económico, y el de hoy es ver hacia dónde quieres ir. ¡Vamos a trazar el camino!

Por eso quiero hablarte de la excelencia financiera. La excelencia financiera es tu equilibrio económico, o, dicho de otra forma, cómo sería tu economía para que tú y solo tú la percibieses sana y en equilibrio.

Digo esto porque cada persona tiene un concepto diferente de excelencia financiera, así que, es importante que tú crees el tuyo propio. Sí, es único, igual que tú. Tendemos a pensar que los números de todas las personas tienen que ser iguales, con muchos ceros en la cuenta corriente, ahorros y ninguna deuda, pero:

- ¿Cuántos ceros te gustaría ver a ti?
- ¿Qué tipo de ahorro y cuánto quieres ahorrar?
- ¿Te gustaría invertir? ¿En qué?

Estas son algunas de las preguntas que me gustaría que te hicieras hoy.

Como vamos a empezar a hablar de cantidades, te quería contar una cosa muy curiosa que hace nuestra mente. En nuestro inconsciente solemos tener una cantidad máxima del dinero mensual que podemos ganar. Es un límite, un techo que de alguna forma tenemos establecido por nuestras creencias, nuestras experiencias, nuestras expectativas y lo que hemos heredado.

Prueba. Pregúntate cuál es el importe máximo que está en tu mente ahora, y cuando lo tengas, date el permiso para que cambie si es lo que deseas.

Ten en cuenta que una cosa es tener una meta, un objetivo, estando abierta a la posibilidad de que cambie en cualquier momento en función de lo que vayas viviendo, y otra muy diferente es tener una barrera inconsciente que no te permita crecer más. ¿Ves la diferencia?

Ahora sí, ¡vamos con tu concepto de excelencia financiera!

Para que cumpla mejor su propósito, te propongo que hagas un *vision board*, que es un tablero visual con una representación de lo que te gustaría ver en tu economía.

Para que sea más fácil para ti, vamos a dividirlo en cinco puntos. Son los cinco comportamientos que puede tener el dinero, y como es importante que tu dinero esté en movimiento, lo ideal —y hacia donde te invito que vayas— es que en tu vida económica los cumplas todos:

- Ganar
- Ahorrar
- Invertir
- Compartir
- Gastar

¡Conecta contigo, respira, agradece y ama! Si lo crees, lo creas.

—Marián Sánchez—

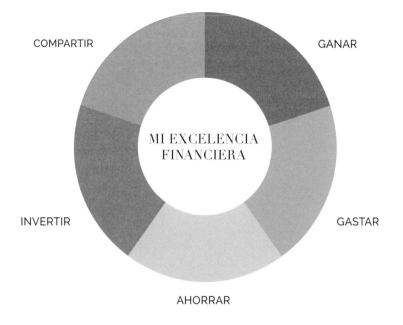

COMPARTIR · GANAR · MI EXCELENCIA FINANCIERA · INVERTIR · GASTAR · AHORRAR

Reflexiona sobre cada uno de estos ítems y pregúntate:

- Qué significa para ti.
- Qué cantidad te gustaría.
- Para qué la utilizarías.
- Cómo te sentirías si lo consiguieras.
- Cualquier otra cuestión que se te ocurra.

Cuando tengas tus respuestas, intenta trasladar toda esa información a tu tablero de inspiración de la forma más visual posible. Puedes utilizar una cartulina grande, una pared y pósits de diferentes colores, trozos de papel, imágenes de revistas, colores, fotos y cualquier material que te inspire y resuma lo que piensas sobre esto.

Si necesitas inspiración, puedes buscar *vision boards* en internet. Hay imágenes maravillosas, pero lo fundamental es que resuma lo que tú deseas. No te quedes bloqueada por hacerlo más bonito o más feo.

Empiézalo hoy, pero ten en cuenta que este tablero está vivo, siempre en movimiento, así que ponlo en un lugar visible en el que puedas ir transformando tu excelencia financiera cuando así lo sientas. Y míralo cada día; es una forma de decirle a tu mente hacia dónde quiere ir.

A mí, personalmente, también me gusta hacerle un pequeño altar. Se trata de darle importancia y ponerlo en un espacio que te guste rodeado de cosas que tienen valor para ti. Mímalo.

Disfruta mucho haciendo y construyendo tu propia excelencia financiera y deja a tu creatividad hacer de las suyas.

¡Disfruta de tu día y de tu Felicidad Económica!

Metas económicas

Título del día

HOY...

¿Cómo llevas estos dos días dedicados a la economía? ¿Cómo te sientes? Es posible que ver la realidad te esté generando una de estas dos cosas:

- **Miedo**: porque la situación que vives en este momento no te gusta y puede estar representada por la desmotivación y/o la angustia.

- **Amor**: porque al ponerle realidad te has dado cuenta de que te sientes bien con tu economía.

Incluso una mezcla de las dos, puede que sientas miedo, pero también muchas ganas de hacer que tu economía y tú estéis en equilibrio.

Yo puedo ayudar a miles de personas.

–Anna Atencia–

Una de las primeras veces que puse en práctica los *29 días para conectar con tu Felicidad Económica*, una de las participantes me dijo que la información y la consciencia nos dan libertad y que el trabajo que estaba haciendo con ella la ayudaba a poner luz y foco en aspectos que no tenía en cuenta y, por lo tanto, estaba ganando libertad y sabiduría. ¿Te ocurre a ti lo mismo?

Sea lo que sea que sientas, estás en el camino. Que tengas toda la información y las herramientas necesarias para poder transformar, junto a tu compromiso, son las claves para ello.

En el primer día dedicado a la economía, viste tu realidad económica (desde dónde partes) y ayer hacia dónde quieres ir, tu excelencia financiera. A partir de hoy vamos a aprender a usar herramientas que te faciliten llegar ahí.

La excelencia financiera es la meta global, pero tienes que aprender a marcarte metas más concretas sobre tu economía a corto, medio y largo plazo. ¿Te apetece? Pues, ¡vamos allá!

Para establecer lo que es el corto, medio y largo plazo hay gran diversidad de opiniones, así que te cuento cómo lo hago yo, aunque, como siempre, siéntete libre de cambiar lo que desees:

- C/P (Corto Plazo): desde ahora mismo hasta un mes.
- M/P (Medio Plazo): desde el primer mes hasta el primer año.
- L/P (Largo Plazo): a partir del primer año.

Para crear objetivos inteligentes y conectados contigo, vamos a utilizar la herramienta SMART unida a la de las 5Ps.

Tus objetivos

Con la información que has acumulado durante estos días gracias a la toma de consciencia, define tres cosas que quieras trabajar, tres objetivos que quieras cumplir o tres aspectos que quieras vivir en tu economía (una a C/P, otra a M/P y otra a L/P). Escríbelas.

....

....

....

....

....

....

....

....

....

Empezamos la transformación. Tu objetivo debe cumplir las siguientes características:

- **S** = eSpecífico: concreta lo máximo que puedas.
- **M** = Medible: determina la forma en la que sabrás que lo has conseguido.
- **A** = Alcanzable: escúchate y siente si realmente es alcanzable para ti.
- **R** = Realista: haz algo que sea motivador y realista.
- **T** = limitado en el Tiempo: temporízalo, ponle una fecha exacta. Si es muy largo, puedes dividirlo en etapas.

Para que esté lo más conectado contigo posible, redáctalo de la siguiente forma:

- **P** = Presente: escríbelo en presente: «Voy a».
- **P** = Positivo: de forma positiva.
- **P** = Propósito: busca que tu objetivo cumpla un propósito importante para ti.
- **P** = Potente: que sea lo bastante motivador como para que tu compromiso se mantenga al 100%.
- **P** = Primera persona: tú eres el centro de tu objetivo.

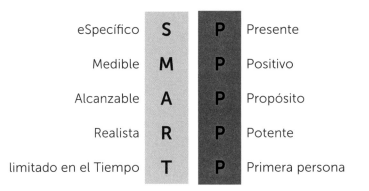

eSpecífico	**S**	**P**	Presente
Medible	**M**	**P**	Positivo
Alcanzable	**A**	**P**	Propósito
Realista	**R**	**P**	Potente
limitado en el Tiempo	**T**	**P**	Primera persona

Si tienes los objetivos escritos de esta forma, será mucho más fácil enfocarte y pasar a la acción.

Te pongo un ejemplo. Normalmente tenemos el objetivo de «quiero ahorrar». Como ves, si lo planteamos así, es poco SMART, ¿verdad?

Debería quedar de la siguiente forma: «yo voy a ahorrar el 10% de mis ingresos totales a partir de hoy durante los próximos tres meses».

Escribe tus tres objetivos:

1. ....

....

....

....

2. ....

....

....

....

3. ....

....

....

....

Revisa lo que has escrito y vuelve a preguntarte si cumple todas las premisas. Si es que sí, continúa. Si no, replantéalo.

Y, por último, ¿es de verdad lo que quieres? ¿Es bueno para ti y para todos?

¿Sí? ¡Enhorabuena! ¡Tu primera meta ya está aquí!

Te invito a que hoy lleves a cabo la primera acción para hacerla posible. Póntelo fácil. Enfócate, empieza a trabajar para ello y disfruta del camino. Sobre todo eso, disfruta de transformar y crear.

¡Disfruta de tu día y de tu Felicidad Económica!

Ordena tus números

Título del día

HOY...

¿Qué tal te ha ido marcando tus objetivos? Espero que tengas delante un objetivo que te motive y que te ayude a seguir avanzando, porque hoy quiero compartir contigo algunas claves para ordenar tus números, tanto los personales como los profesionales.

Es muy importante contar con las herramientas necesarias para sacarle el máximo partido a tu economía. Aquí tienes algunas opciones para que tú puedas adaptarlas como sientas que son mejores para ti.

FINANZAS PROFESIONALES

Antes de nada, quiero compartir contigo algunos de los bloqueos o miedos más frecuentes de las emprendedoras y que debes tener en cuenta:

● **Siéntete empresaria:** aunque tú seas la que hace todo en tu negocio sola, tienes una empresa. Así que es importante que la gestión de tus números la hagas de forma consciente.

- **Págate a ti primero:** es un acto de valoración y merecimiento hacia tu trabajo. Independientemente de la cantidad que sea, págate a ti primero.

- **Reconcíliate con el Excel:** es posible que no te guste ponerte delante de una tabla de Excel llena de números y que este sea un motivo más de no tenerlos en orden. Sabes, igual que yo, que ver la realidad delante de ti es una información poderosa y que te ayuda a crecer. Ver los números de tu negocio actualizados te da el poder para tomar muchas decisiones vitales y para tener un proyecto apasionante que puedas mantener y cuidar en el tiempo. Haz una plantilla de Excel para ti, la tuya propia, simple, fácil, con tus colores. Que la abras y te guste mirar. Con los datos reales de tu negocio. Una que tú entiendas y que te aporte la información necesaria para que puedas tomar tus decisiones empresariales.

¡Ahora sí! ¿Preparada?

¿Qué cuentas debes tener? Lo ideal es tener estas cuatro cuentas:

- **Operaciones diarias:** es la cuenta donde te van a pagar tus clientes, desde la que vas a pagar tu salario, a proveedores y tus gastos de empresa. Es la cuenta donde se registran las operaciones del día a día.

- **Impuestos:** en esta cuenta se separan los importes de los impuestos que vas a pagar en cada trimestre. Para que sea más fácil y evitar sorpresas hazlo cada vez que cobres una factura.

- **Beneficios:** en esta cuenta ingresa de forma regular —cada mes o cada trimestre— los beneficios que tengas. Así, siempre podrás tener presente cuánto dinero tienes para invertir y podrás hacer una estrategia mucho más sólida.

- **Personal:** ten una cuenta personal para recibir tu sueldo, independientemente de que sea fijo o variable en función de ventas, y para tus gastos personales.

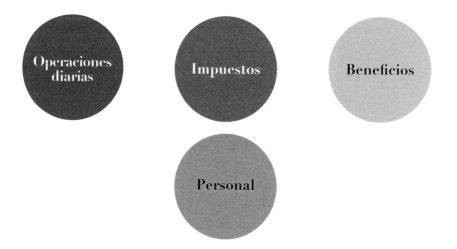

Si no te resulta práctico tener cuatro cuentas bancarias, como mínimo deberías tener dos: la de tu proyecto y la personal. Y para gestionar las cuentas de tu proyecto o negocio te recomiendo utilizar una tabla de Excel donde separes esos importes.

¿Qué información es importante que tengan tus Excel?

- Datos mensuales de las facturas que emites y todos los gastos que recibes (ingresos y gastos).

- Datos mensuales del dinero real que sale y entra en tu cuenta (cobros y pagos).

- La diferencia está en que puedes emitir la factura hoy (ingreso) pero no recibir el pago hasta dentro de 60 días, por ejemplo (cobro).

Con estos datos controlados, tendrás muchísima información para que tu economía esté equilibrada y evitarás problemas como facturar y trabajar mucho pero no tener liquidez en la cuenta.

Además, es conveniente realizar un presupuesto. ¿Cuánto esperas vender el mes que viene de cada línea de negocio? ¿Y en el trimestre? ¿Y al año?

FINANZAS PERSONALES

Las preguntas más repetidas en finanzas personales son: «¿Cómo ahorro? ¿Cómo invierto? ¿Cómo, cómo, cómo?».

Para mí, la respuesta es: «¡Empieza! Con la cantidad que sea, pero empieza». Después irás perfeccionando las técnicas si así lo quieres y los importes podrán ir variando.

¿Cómo puedes distribuir tu economía personal para que esté saneada? El objetivo es que repartas tus ingresos de la siguiente forma:

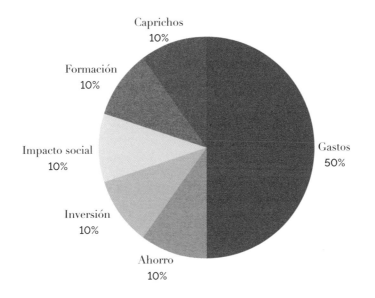

- **Gastos (50%).** Dentro de este apartado incluye todos los gastos asociados a la vivienda, hipoteca o alquiler, luz, agua, comida. Pueden ser los de primera necesidad pero también ropa, comidas fuera, viajes, etc. Son los gastos que tengas en tu día a día y que consideres básicos para ti.

- **Inversión (10%).** Se trata de destinar una parte de tus ingresos a poder invertirlos y conseguir que tu dinero crezca a través de proyectos en los que crees, inmuebles para arrendar, y todo aquello que se te ocurra, que te pueda aportar una nueva fuente de ingresos. Es importante que puedas tener varias fuentes de ingresos, puedes ir creándolas a lo largo de tu vida, pero empieza ¡ya! Es la mejor forma de llevarlo a la práctica. Lo ideal es ir generando diferentes fuentes de ingresos pasivos, que son aquellos que no dependen de tu tiempo.

- **Formación (10%).** Estar en formación constante es clave para seguir evolucionando. Es un síntoma de merecimiento, de valoración y una manera de nutrirse. Destina una partida para ello y disfruta creciendo.

- **Impacto social (10%).** Como el dinero es energía, lo mejor es que esté en movimiento y que de alguna manera elevemos su vibración destinando una parte de lo que recibimos a dar, a aportar. Puede ser desde una ONG a un proyecto que sientas que aporta valor a la humanidad. El caso es dar sin esperar recibir.

- **Ahorro (10%).** Es el dinero destinado a crear tu propio colchón financiero, esa parte de dinero que quieras reservar de forma periódica.

- **Caprichos (10%).** Poder comprarte algo si quieres, sin remordimientos, simplemente sabiendo que tu economía puede sostenerlo, es la clave. Tener un dinero destinado para esto nos aporta tranquilidad y bienestar. Utiliza este apartado para comprar eso que deseas. Y recuerda, tener *caprichos* no es malo, no te juzgues por ello, lo importante es saber si tu economía puede sostenerlos.

Es posible que ahora no lo veas fácil, pero date tiempo y permiso para hacerlo. Sé compasiva contigo. Si no puedes empezar, por ejemplo, ahorrando el 10%, empieza por el 2%, pero empieza.

Mantente atenta, con los ojos bien abiertos
y el corazón de par en par para disfrutar de todo
lo que la vida te ha planeado.
Y piensa en un Plan B, por si acaso.

—María Gómez—

No es necesario que empieces con todos los ítems a la vez. Elige el que más te apetezca y empieza. Hoy es un buen día para ello. Te animo a que lo hagas.

Espero que esta información te ayude a clarificar el orden de tus números. Y quiero dejarte aquí una frase que me acompaña y le da sentido al trabajo que estamos haciendo esta semana: La abundancia ama el orden.

¡Disfruta de tu día y de tu Felicidad Económica!

Hábitos financieros

Título del día

Ya llevamos unos días hablando de inteligencia financiera y, llegados a este punto, te quiero recordar que no te agobies si no sigues el ritmo tal y como te propongo. Lo importante es que tu compromiso contigo se mantenga en un nivel alto y que tengas la certeza de que quieres conectar con tu Felicidad Económica. Encuentra tu propio ritmo y date permiso para conectar con tu parte económica.

Hoy quiero compartir contigo siete hábitos que te pueden ayudar a alcanzar tus objetivos económicos. Recuerda que un hábito es una rutina o comportamiento que se repite regularmente y tiende a ocurrir inconscientemente.

¿Qué puedes tener en cuenta para incorporar estos hábitos?

- Incorpóralos de uno en uno, sin prisa. Ve dando pasitos, lo más firmes posible, hacia donde quieres.

- No pases a otro hábito hasta que no lleves, al menos, 29 días llevándolo a cabo. Para que estén integrados dentro de ti.

- Piensa en tus metas y empieza a practicar los hábitos que sientas que están más alineados contigo y con tus objetivos.

- Aunque al principio te cueste, dale espacio a tu cerebro para que automatice la nueva acción que estás incorporando y verás como todo es mucho más fácil.

Ahora sí, ¡vamos con los hábitos!

CLARIFICA, PON REALIDAD A TU PATRIMONIO

A veces, de forma automática e inconsciente, sentimos que nos faltan cosas y no podemos valorar lo que sí tenemos. Te invito a que cambies la perspectiva y la mirada sobre esto y en lugar de fijarte y poner la atención en lo que te falta —en la escasez—, pongas tu foco en lo que tienes. Siéntete abundante.

El ejercicio de clarificar tu patrimonio es revelador. Soy consciente de que puede resultar pesado empezarlo, pero es que es tan brutal cuando se lleva a cabo que quiero contarte cómo hacerlo.

- En tu casa, ve pasando habitación por habitación y anota todo lo que tienes y el valor económico de cada cosa.

- Cuando lo tengas todo, suma ese importe y anota lo que sientes.

....

....

....

....

....

....

¡Hazlo! Ya verás que es impresionante.

APUNTA TODOS LOS DÍAS TUS INGRESOS Y TUS GASTOS

- La mejor manera de construir es siendo muy conscientes de cuál es nuestra base.

- La base de tu economía son tus ingresos y gastos diarios.

- ¡Anímate! Anota durante un mes completo —yo te recomiendo que lo hagas durante tres meses— todos, pero todos, tus ingresos y gastos. Tendrás una información muy potente.

- Apúntalos en el móvil, habilita una libreta, o lo que sea más fácil para ti, ¡pero activa este hábito!

CADA MES, ANALIZA I (TUS INGRESOS) Y G (TUS GASTOS)

Pueden ser:

- $I < G$
- $I = G$
- $I > G$

Una vez los hayas analizado, pregúntate: «¿Qué puedo hacer ahora para disminuir mis gastos o aumentar mis ingresos?».

SUELTA, DEJA ESPACIO

Si no dejas espacio para lo nuevo, no te llegarán cosas nuevas. Tendemos a acumular cosas en casa y en el trabajo, funcionamos desde el apego y algunas veces no sabemos ni lo que tenemos en los cajones.

Mi consejo es que dones o vendas todo lo que no te haga ya feliz y no utilices. Deja espacio para que te lleguen cosas nuevas.

Dar es la mejor forma de recibir.

—Laia Arcones—

AHORRA

Ahorrar también es un hábito. Como siempre digo: ¡empieza!

- Hay un ejercicio que me encanta, ya que es como un juego y consigues ahorrar 1.378 euros en un año. Es el método de las 52 semanas.

- En la página siguiente, tienes escritos los números del 1 al 52.

- Cada semana elige uno de esos números y mete justo ese importe en tu caja de la abundancia.

- Tacha el número en la página porque ya no lo podrás repetir.

- Repite el proceso durante 52 semanas, así tú puedes elegir ahorrar desde 1 euro a 52 cada semana en función de lo que te vaya mejor.

Las 52 semanas

1	14	27	40
2	15	28	41
3	16	29	42
4	17	30	43
5	18	31	44
6	19	32	45
7	20	33	46
8	21	34	47
9	22	35	48
10	23	36	49
11	24	37	50
12	25	38	51
13	26	39	52

GENERA NUEVAS FUENTES DE INGRESOS

Esto es muy importante. No es sano que tus ingresos lleguen solo de un lugar. Lo ideal es que tengas fuentes diferentes.

Ten paciencia y ve creándolas poco a poco. Al principio parece difícil, pero, cuando empiezas a construirlas, cada vez ves más oportunidades.

Haz ahora una lista de diez cosas que podrías hacer para aumentar tus fuentes de ingresos. ¡No te limites!

1. ....

2. ....

3. ....

4. ....

5. ....

6. ....

7. ....

8. ....

9. ....

10. ....

A mí me conecta mucho ser agradecida. Por todo. Por estar donde estoy, con quien estoy, haciendo lo que hago. Por ser como soy y sentirme bien porque he decidido seguir a mi corazón y en mi vida económica también. Cada mañana, sin falta, me pongo mis cuatro o cinco canciones fetiche, las escucho, sonrío, me siento bien y agradezco estar ahí y que todo vaya bien.

—Bárbara—

DA Y RECIBE DINERO FELIZ

El dinero feliz es el que ganas haciendo felices a los demás y es el que los demás ganan haciéndote feliz a ti.

A partir de ahora, observa y valora toda la cadena humana que hay detrás de cada intercambio económico que realizamos. Cuando pagas, estás valorando y apreciando el trabajo de los demás.

Hazlo desde el amor y el reconocimiento de lo que recibes a cambio, independientemente de su precio.

Paga feliz, da feliz, recibe feliz.

Disfruta de tus nuevos hábitos y de tu Felicidad Económica.

Conecta y mueve tu economía

Título del día

HOY...

¡Estás a un día de cerrar la etapa de economía! Durante esta semana de economía has pasado por diferentes etapas:

- Eres consciente de tu realidad económica hoy: desde dónde partes.
- Has definido tu meta general: hacía dónde quieres ir o tu excelencia financiera.
- Te has marcado objetivos económicos SMART que cumplen las 5Ps.
- Tienes un método para ordenar y sanear tu economía, tanto personal como profesional.
- Conoces hábitos que pueden ayudarte a hacer más fácil el camino hacia tu excelencia financiera.

Deseo de corazón que todos estos ejercicios te estén siendo de utilidad, ya sabes que si tienes dudas o quieres comentarme algo, aquí me tienes.

Hoy te invito a profundizar en tus objetivos, porque cuanto más conectada estés con tus metas, más fluirás en el camino. Como sabes, tus objetivos son dinámicos, están siempre en movimiento, por lo tanto, la energía de tu objetivo requiere que tú te muevas con ella.

Permitir que tus objetivos y tu economía se muevan te ayudará a que:

- No te apegues a los resultados.
- Tu nivel de autoexigencia disminuya.
- Tu capacidad de adaptación y de soltar expectativas aumente.
- Tu habilidad para buscar soluciones y ver oportunidades crezca.

A mí me ayudó mucho tener en cuenta esto, amplió mi visión y, sobre todo, empecé a tratarme mucho mejor y a fluir. Para que puedas poner esa energía a tus objetivos económicos, te propongo el siguiente ejercicio:

MI OBJETIVO	
Soltar	Incorporar
Mejorar	Simplificar

¿Qué significa cada uno de los cuadrantes de la imagen?

- **Soltar:** qué sientes que debes soltar a nivel personal y profesional para facilitar que tu objetivo se cumpla.

- **Incorporar:** qué habilidades, recursos, herramientas, conocimientos y valores sientes que debes incorporar a nivel personal y profesional para facilitar que tu objetivo se cumpla.

- **Mejorar:** cómo puedes mejorar tu objetivo para que esté más conectado contigo.

- **Simplificar:** en qué acciones más pequeñas y concretas puedes dividir tu objetivo para simplificarlo.

Respira, sonríe. Tú puedes con esto y es maravilloso.

–Rosana–

1. Descarga la plantilla que te he preparado en los materiales *online*. Imprímela y escribe tu objetivo en la parte superior.

2. Hazte con unos pósits de colores y empieza a mover tu objetivo. Rellena cada cuadrante –soltar, incorporar, mejorar y simplificar– con todas las ideas que se te ocurran, escribiendo solo una idea por pósits.

Este ejercicio es muy transformador, ya que ayuda a liberarse de posibles bloqueos al estar en continua observación y cambio. Y al tener todas las ideas escritas en pósits, es muy fácil que puedas modificar lo que quieras cuando te apetezca. De esta forma te aseguras de que tu objetivo y tú os estáis moviendo.

Disfruta de tu día haciéndolo. Cada vez estás más cerca de tu Felicidad Económica.

Tu plan financiero

Título del día

HOY...

¿Qué tal te fue ayer con tus objetivos? ¿Sientes más claridad? Hoy es el último día dedicado específicamente a la economía, y con todo lo que has aprendido, es el momento de crear tu propio plan financiero.

Me emociono al pensar que solo nos queda una semana de estos *29 días para conectar con tu Felicidad Económica*. ¡Vamos con tu plan financiero!

Siempre que hablo de plan financiero, hablo del tuyo propio, porque cada persona tiene el suyo y, aunque utilices un mismo método para hacerlo, es muy importante que tú crees uno con el que te sientas a gusto.

Yo, por ejemplo, trabajo los planes financieros a través de mapas mentales y hago un mapa mental para cada uno de mis objetivos. Un mapa mental es una herramienta que ayuda a sacar la máxima información de una forma creativa. En él puedes expresar todas las ideas que se te ocurran. Puedes incluir símbolos, colores, imágenes y palabras. ¿Quién dijo que la economía es aburrida? Todo depende de cómo la enfoques y quieras vivirla.

Te propongo que tú también utilices esta herramienta. ¿Cómo lo harás? Te cuento. Los mapas mentales tienen una forma radial, por eso en el centro debes escribir tu objetivo SMART. Si necesitas más espacio para hacer tu mapa, puedes descargar una plantilla igual que esta en los materiales *online* complementarios a este libro.

No puedes ser siempre fuerte, pero sí Valiente.

–Paty de Luque–

Después define el tiempo que sientes que necesita este objetivo y anota la fecha de inicio y de fin.

Detalla una por una las acciones que vas a hacer para cumplir ese objetivo. A cada una de esas acciones ponle fecha de inicio y de fin.

Ahora, escribe los recursos, todo lo que vas a necesitar para realizar cada una de esas acciones. Con el ejercicio de ayer tienes muuucha información para hacerlo.

Y para terminar, anota los indicadores que te servirán para definir si has logrado cada una de las acciones.

Cuando los tengas, celébralo. Haz algo que te apetezca. Siéntete libre de añadir o quitar todo lo que creas que va en tu plan financiero.

¡Qué ganas de ver tus mapas! Puedes compartirlos si lo deseas con el hashtag #FelicidadEconómica.

¡Disfruta de tu día y de tu Felicidad Económica!

LOS 7 DÍAS
DE ECONOMÍA

Para que puedas sacarle el máximo partido posible a esta semana dedicada a la economía, te invito a que contestes estas preguntas para asentar lo que has observado, trabajado, aprendido e interiorizado.

1. De 0 a 10, siendo 0 nada y 10 todo, ¿cómo ha sido tu compromiso con este camino?

2. ¿Qué pensabas antes del dinero, de tu economía o de la vida y qué piensas ahora?

....

....

....

....

....

3. ¿De qué te has dado cuenta?

4. ¿Qué has aprendido?

5. ¿Qué cosas quieres incorporar a tu día a día?

....

....

....

....

....

....

....

....

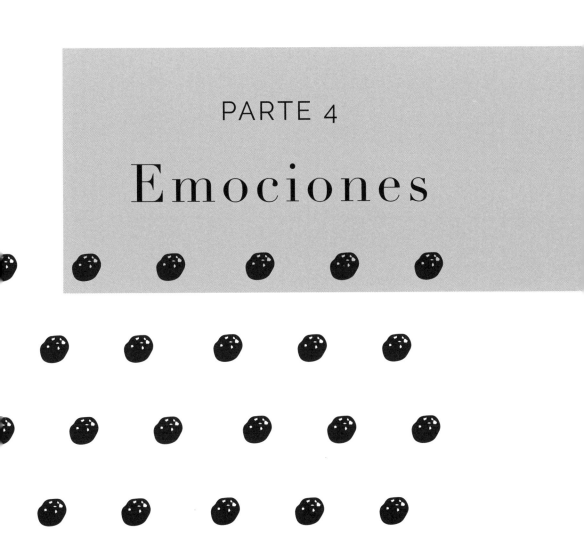

PARTE 4

Emociones

 oy entramos en la última semana de estos *29 días para conectar con tu Felicidad Económica*, pero quiero decirte que, con este libro, tienes siempre a tu disposición los ejercicios y las palabras, y podrás volver a él cuando sientas que es el momento.

Puede que no estés siguiendo el ritmo de forma diaria, o que hayas sentido que hay cuestiones que te gustaría trabajarlas con más tiempo y a un nivel más profundo. Puedes volver a él cuando quieras, es tuyo.

Lo más importante es que permitas que este camino que has comenzado sea como está siendo, que no te sientas mal si no lo llevas al día y que agradezcas tu propio ritmo tal como es en este momento.

Esta semana está dedicada a las emociones. Vamos a enfocar nuestra energía en tu integridad y poder. Es un tiempo de abundancia y celebración. Es momento de celebrarte y sociabilizar.

Cuando hablamos de dinero nos surgen muchas emociones que quiero que recorramos juntas en estos siete días. ¿Empezamos?

Reconocer y conectar con tus emociones

Título del día

HOY...

¿Qué son las emociones? En un artículo de la revista *La mente es maravillosa* leí que son el «pegamento de la vida», porque nos conectan con nosotros y con las personas que nos rodean. Las emociones nos permiten ser partícipes de la realidad, riéndola y admirándola, sorprendiéndonos ante sus maravillas y entristeciéndonos con sus sinsabores.

¡Me encanta esta forma de definirlas!

Sentirte en equilibrio, en armonía, fluir con lo que vives y conectar con tu abundancia requieren que gestiones tus emociones de la forma más sana y equilibrada para ti.

Observar tus creencias con el dinero, ver cómo te relacionas con él, ponerle realidad a tu situación económica y, en definitiva, todo lo que has experimentado a través de este libro ha estado lleno de emociones, ¿verdad?

Pues para conectar de verdad con tu abundancia, es muy importante que reconozcas esas emociones. Es el punto de partida para llegar al agradecimiento pleno.

Y para que puedas hacerlo de forma práctica te propongo uno de mis ejercicios favoritos: Mi mandala emocional.

Un mandala es un diagrama simbólico en forma de círculo con símbolos dispuestos de forma simétrica, que para el budismo representan la evolución respecto a un punto central.

Te invito a que hagas tu propio mandala emocional con todo lo que has experimentado en estos días referente a tu dinero, a tu economía y a tu vida. Te propongo utilizar ocho emociones como referencia pero, por favor, siéntete totalmente libre para elegir las que quieras. Hay muchas más. Por ejemplo, en el libro *Universo de emociones*,[1] Rafael Bisquerra te muestra 307. ¡Es tan apasionante este mundo de las emociones!

¿Cómo puedes hacer tu mandala?

Primero, analiza cómo está siendo tu relación con tu dinero, qué cambios están sucediendo, qué aprendizajes estás teniendo, y con estas experiencias en mente, pregúntate qué emociones estás sintiendo.

- Alegría
- Tristeza
- Ira
- Miedo
- Amor
- Sorpresa
- Asco
- Culpa

Párate un momento y pregúntate en qué parte de tu cuerpo sientes cada una de esas emociones. Elige un lápiz o rotulador de un color para cada emoción y dibuja tu mandala. Comienza por un círculo grande y vacío que vas a ir llenando con colores, palabras, símbolos, todo lo que se te ocurra para representar esa emoción.

---

1. R. Bisquerra, *Universo de emociones*, Valencia, PalauGea, 2015.

Me quiero y confío.

—Anna—

Puedes hacerlo de dos formas:

- Empezando por el centro, desde dentro hacia fuera.

- Empezando por la parte más distante y yendo hacia el centro.

Déjate llevar. Pon una música que te guste de fondo, conéctate contigo y empieza a rellenar tu mandala emocional. No pienses mucho, siente y ¡hazlo!

Cuando lo tengas, obsérvalo y agradece toda la información que tienes delante de ti, es tanta y tan reveladora...

Disfruta haciendo tu mandala emocional y de tu Felicidad Económica.

Mi mandala emocional

Equilibrio emocional

Título del día

HOY...

¿Cómo ha quedado tu mandala económico-emocional? Con este diagrama simbólico tienes delante de ti cómo has vivido y han evolucionado tus emociones durante estos días. La información que ofrece es muy poderosa y útil para conocerte mejor, pero también para equilibrar las emociones que te provoca la gestión de tu dinero.

¿Te has dado cuenta de que en estos días has experimentado la mayoría de esas emociones? La razón es que somos seres emocionales y todas las emociones pasan por ti, todas. Las que nos gustan mucho y las que no nos gustan tanto. Además, estas van cambiando de forma continua. La clave para sentirte en equilibrio emocional es que vivas estos cambios de forma armoniosa.

Seguro que has oído en más de una ocasión la expresión «montaña rusa emocional». ¿La has sentido? Es esa sensación de que un día te levantas llena de energía y al otro no te apetece ni moverte, o esa en la que te provoca que un día tengas una actitud muy positiva y al siguiente lo ves todo negro.

Para equilibrar esta montaña rusa, hay una herramienta que a mí me funciona muy bien: el filtro de los verbos emocionales. Antes de compartirla contigo me gustaría que te pararas un segundo para pensar cómo es tu montaña rusa emocional en cuanto a tu economía y la gestión de tu dinero.

¿Tiene muchas caídas pronunciadas o más bien es más llana? ¿Da muchas vueltas o pocas? ¿La visualizas? ¿Cómo es?

A veces vivimos las emociones de manera extrema y/o pasamos de unas emociones a otras muy rápido. Está bien sentirlas así, cada uno las experimenta de una forma diferente, con distintas intensidades, pero es importante buscar un equilibrio para que esa intensidad y esos cambios sean sanos para ti.

Para hacer el ejercicio del filtro de los verbos emocionales te invito a que no etiquetes las emociones como positivas o negativas porque todas te van a ayudar a conocerte más y a crecer, y lo que nos interesa ahora es enfocarnos en la toma de consciencia y en el aprendizaje.

¿Cómo funciona el filtro de los verbos emocionales?

Es una suerte aprender y emprender,
y en el camino aprenderse.
Doy gracias a todas esas personas
que lo hacen posible.

—Vannesa—

Cada vez que tengas consciencia de que un estado emocional te está sacando del equilibrio en el que tú quieres estar, observa esa emoción y pásala por cada una de estas etapas:

1. Percíbela: toma consciencia de que está ahí. Escúchate.

2. Permítela: deja que esté. No quieras eliminarla, recuerda que todas las emociones pasan por ti y que están aquí para algo. Permite que esté ahí.

3. Obsérvala: cuando le has dado permiso para estar es más fácil observarla y observarte, hazlo. Mírala.

4. Acéptala y abrázala: no luches contra ella. Ya has visto cómo es y la has observado. Quiérela así.

5. Transfórmala: si tu actitud hacia esa emoción te bloquea de alguna forma, transfórmala. Esto depende de ti.

6. Aprende de ella: mira qué tiene que enseñarte y qué aprendizaje tiene para ti.

7. Suéltala: lo que te haga sufrir, suéltalo.

8. Sostenla: quédate con el aprendizaje, con el disfrute de esa emoción. Sostenla para vivirla desde el equilibrio.

9. Agradécela: agradece que esté ahí para ti, para tu evolución y crecimiento.

Sobre todo, vive tus emociones, pero no te quedes pegada a ellas. Vivirlas es sentirlas y permitirlas y es vital para disfrutar tu vida, para saborearla realmente. No las rehúyas, pero tampoco te apegues a ellas. Siéntelas, acéptalas, abrázalas, sostenlas el tiempo que sea sano para ti. Despúes suéltalas.

Deseo que consigas tu equilibrio económico emocional, es muy sanador.

¡Disfruta de tu día y de tu Felicidad Económica!

Autorretrato emocional

Título del día

HOY...

¿Cómo estás? ¿Cómo te sientes en este momento? Qué pregunta tan simple y a la vez tan difícil de responder, ¿verdad? Nos hemos acostumbrado a contestar «Bien» o «Bueno, más o menos», e incluso «Mal», y a no ir más allá.

En ocasiones, respondemos esto por falta de tiempo para escucharnos, otras, por miedo a indagar demasiado, otras, por comodidad o por no querer ver nuestra parte más vulnerable... Hay tantos motivos que nos hacen no querer sentir nuestras emociones... Sentir y reconocer tus emociones tiene muchos beneficios. Te aporta calma, seguridad, tranquilidad, claridad y, sobre todo, libertad.

La inteligencia emocional es clave para que la relación con tu dinero sea sana. La gestión de las emociones nos ayuda a relacionarnos mejor con todas las áreas de nuestra vida. A las emociones hay que darles luz, hay que escucharlas y ponerlas a tu lado, caminar con ellas, aceptarlas y vivirlas, ya que, como decíamos ayer, siempre te ayudan a crecer.

Hoy me gustaría que hicieras un ejercicio muy especial. Tómatelo como un extra, pero me parece tan bonito que necesito compartirlo contigo.

Esta noche, durante la cena, mira a cada una de las personas que tienes alrededor (si cenas sola, ten en mente a tres personas con las que te gustaría cenar) y piensa en tres cosas que valoras de cada una de ellas. Luego piensa en las tres cosas que sientes que ellas más valoran de ti.

Es muy bonito darse cuenta de que todo eso que has valorado en los demás, todo, también lo tienes tú, porque no podemos apreciar los valores de los demás si no los llevamos nosotras dentro. No los veríamos. Así que comparte toda esa grandeza de ti porque eres inmensa.

Ahora sí, ¡vamos con nuestro momento práctico del día! Me gustaría que construyéramos juntas lo que significa para ti una persona emocionalmente equilibrada. ¿Te apetece? ¡Vamos allá!

Busca un par de folios. En uno de ellos escribe las características que, para ti, debe tener una persona con un buen equilibrio emocional y recórtalas. Que cada una quede en un papelito.

Ahora piensa en esas personas a las que admiras y escribe en otro papel lo que más valoras de ellas y qué consideras que les ayuda a tener una buena salud emocional. Escribe todas las palabras que piensas o sientes. Si quieres, busca en internet o en algún libro para inspirarte. Cuando pienses que has acabado, vuelve a leerlas y escribe alguna más. Recorta o trocea el folio para que esas palabras queden cada una en un trocito.

Junta todas esas características que has escrito y distribúyelas en dos grupos:

- **A.** Las que ayudan a conectar con una misma (ejemplos: autonomía, autocontrol, autoestima).

- **B.** Las que ayudan a conectar con los demás (ejemplos: asertividad, empatía, amabilidad).

Seguro que se te han ocurrido más palabras. ¡Añádelas!

Coloca o, si lo prefieres, pega dentro de esta silueta las palabras del **grupo A** y las del **grupo B,** fuera de la silueta.

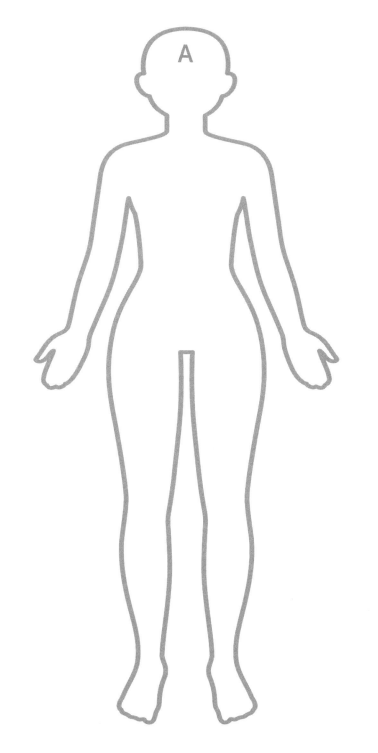

A

B

Era suficiente, es suficiente y será suficiente. Gracias Universo.

—Cristina Faustino—

La siguiente silueta que ves eres tú. Ahora vamos a hacer tu autorretrato emocional.

Lee todas las características que has colocado/pegado en la silueta anterior y ve eligiendo las palabras que definen tu salud emocional. Haz trocitos con otro papel y escribe esas palabras. Si te nacen nuevas, ¡adelante!

Pega las del **grupo A** dentro de tu silueta y las del **B**, fuera. Recuerda que todo eso que has valorado en los demás también está en ti. Así que obsérvate con una mirada apreciativa, sin juicios, amable contigo misma, como si fueras tu mejor amiga, valorándote y respetándote.

Fíjate ahora en las características del grupo A, en esas emociones que te ayudan a conectar contigo. ¿Cómo te sientes? ¿Qué mensaje hay aquí para ti? Escríbelo.

....

....

....

....

....

....

....

....

....

....

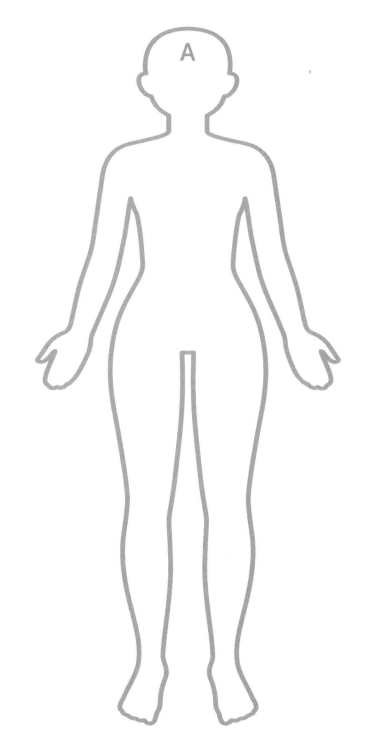

A

B

Hazte las mismas preguntas con las características del grupo B, las que te ayudan a conectar con los demás. Escribe tus conclusiones.

....

....

....

....

....

....

....

....

....

....

....

Durante el día de hoy, observa las emociones que te ayudan a conectar contigo, tenlas en cuenta y mejóralas para que te impulsen. Además, date lo que consideras que te ayuda a conectar con los demás.

- Para poder dar hay que saber darse.
- Para poder cuidar hay que saber cuidarse.
- Para poder amar hay que saber amarse.
- Para poder comunicar hay que saber comunicarse con una misma.

Confía en quién eres, respétate, marca tus límites, ama tu parte más vulnerable, abraza tus sombras y sigue aprendiendo y creciendo. Gracias por ser y estar aquí.

¡Disfruta de tu día y de tu Felicidad Económica!

Tu escalera emocional

Título del día

HOY...

La palabra emoción proviene del latín *emovere*, que significa «mover hacia fuera». Las emociones aparecen en ti sin que intervengas, brotan de la mezcla de tus experiencias y de tu subconsciente.

Me encanta la forma en la que lo describe José Antonio Marina: «Las emociones son una puerta de acceso a nuestra intimidad no consciente. Son un resumen de nuestra situación, cuya superficie conocemos y cuyo fondo ignoramos».

Las emociones que nacen en ti guían cómo vas a observar la realidad.

Hoy quiero compartir contigo una herramienta que me ayudó mucho –y lo sigue haciendo– en la gestión de mis emociones y que espero que a ti también te resulte útil. Se trata de la escalera emocional.

Me abro a recibir toda la abundancia que la vida tiene preparada para mí.

–Begoña Cartagena–

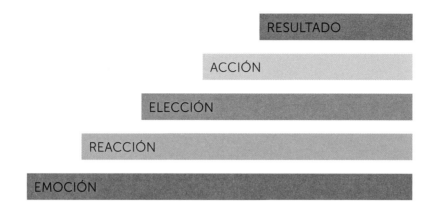

Emoción: como puedes ver en la imagen, el primer peldaño de esta escalera son las emociones, porque, como te decía, brotan de ti. Aparecen de forma automática y hacen consciente lo inconsciente. Nos dan mucha información sobre nosotras mismas.

Reacción: este segundo peldaño es lo que provoca en ti esa emoción, casi de forma instantánea, en el momento en el que se produce. Cada emoción provoca en ti unos cambios físicos, mentales y de estado de ánimo.

Elección: en esta etapa de la escalera, una vez que eres consciente de tu reacción y, por lo tanto, de tu emoción, puedes elegir qué hacer con ella. Es el momento en el que tú puedes intervenir y elegir cómo actuar con respecto a esa emoción.

Acción: según la elección que has hecho en el escalón anterior, llevarás a cabo una acción u otra. Tú decides qué pasos dar y cómo actuar.

Resultado: por último, el resultado que obtengas dependerá directamente de la acción que hayas emprendido.

Para que lo tengas aún más claro, vamos a subir esta escalera con el supuesto de que un cliente potencial, muy importante para ti, te pide presupuesto.

- **¿Qué emoción te provoca?** Puede ser sorpresa y alegría, pero también mucho miedo.

- **¿Cómo reaccionas?** Seguramente te veas sola haciéndote la ola al leer su email, pero después de la minieuforia, empiezan a entrar todos los miedos. ¿Seré capaz? ¿Y si me dice que no? ¿Lo que le proponga será caro o barato?

- **¿Qué eliges?** Aquí puedes decidir actuar desde el amor y respeto a tu trabajo o desde el miedo a que no seas suficiente.

- **¿Cómo actúas?** Desde la confianza: te informas bien, aclaras tus dudas y envías tu presupuesto. Desde el miedo: preguntas por todos lados, estás nerviosa, tardas días en enviar tu presupuesto y no lo haces convencida.

- **¿El resultado?** Puede ser cualquiera, pero ¿cuál crees tú que podría ser en cada caso?

Como ves, la clave para una gestión sana de tus emociones y sentirte alineada con tus acciones y tus resultados está en el tercer escalón, en la elección. ¿Por qué? Porque lo que te hace sentir bien o no, no es lo que pasa a tu alrededor, sino cómo escoges vivir esa situación.

Si estás alineada y en paz con tu elección, y eres coherente y consecuente con tus acciones, los resultados vibrarán también con la abundancia.

Prueba esta herramienta en tu área económica. Te adelanto que es impresionante y muy transformadora. Si hay algo que no te gusta de tu área económica, algo que quieras mejorar o cambiar, te invito a analizarlo peldaño a peldaño.

Responsabilizarte ahora de esta situación es ser consciente de que se trata del resultado de algo que haces y que esto se puede cambiar. Eso es un regalo para ti. Ya sabes que puedes elegir otra cosa.

Céntrate en la emoción que te provoca esa situación, reconócela y ve observando escalón por escalón qué vas descubriendo. Puedes usar la escalera de abajo arriba o de arriba abajo, da igual, depende de lo que sientas que te ayuda más en este momento concreto. Incluso puedes subirla y bajarla a la vez.

Elige empezar a transformar lo que no quieres en tu vida económica:

- Acepta la emoción.
- Perdona tu reacción.
- Cambia la elección.
- Transforma la acción.
- Ama el resultado.

Ama el resultado sea cual sea. Recuerda que es una forma de aprendizaje muy potente. Ya sabes que, si no es lo que quieres para ti, puedes empezar a elegir otra cosa y actuar de otra manera.

Escucha y siente tus emociones, y antes de actuar por inercia, usa tu poder de elección.

¡Disfruta de tu día y de tu Felicidad Económica!

DÍA 27 ● EMOCIONES

Tú y tus relaciones

Título del día

HOY...

En estos días en los que estamos centrados en las emociones, hemos hablado de reconocerlas, aceptarlas y abrazarlas. De la importancia de soltarlas o sostenerlas, de cómo transformarlas y de aprender de ellas, pero sobre todo de agradecerlas y vivirlas.

También has descubierto herramientas que te pueden hacer más fácil la gestión de tus emociones de una forma sana y equilibrada. Recuerda que sentirte en armonía es la mejor forma para poder dar y recibir equilibrio emocional.

Para seguir conectada con este equilibrio emocional, hoy me gustaría que nos centráramos en reconocer tu cuenta bancaria emocional a través de tus relaciones y en cómo conectas con ellas.

Una relación sana es aquella en la que dar y recibir está en equilibrio y esto tiene que ocurrir para ambas partes. Es decir, si lo que tú estás dando y recibiendo es sano para ti y la otra persona también lo siente así, da y recibe lo que es sano para ella.

Fíjate que hablo de dar y recibir. Es igual de importante lo que das y cómo lo das que lo que recibes y cómo lo recibes.

En ocasiones sentimos que lo que recibimos no está compensado con lo que damos, o que lo que nos dan no nos gusta. Pero todas las personas que tienes delante te sirven de espejo para que puedas aprender algo sobre ti misma o sobre la situación que estás viviendo. Lo que marca la diferencia es cómo eliges vivirlo. Así que, en estos casos, yo siempre me pregunto:

- ¿Cuál era mi expectativa?
- ¿Qué aprendizaje hay aquí para mí?

Cada relación es diferente, única y especial. Hay relaciones fugaces y otras mucho más duraderas, las hay más superficiales o profundas, intensas o que pasan desapercibidas, las del día a día o las de una vez al año, pero todas tienen una cosa en común: en todas hay un dar y un recibir. Por lo tanto, es muy importante que cuides cómo y qué das y recibes en cada una de tus relaciones.

¿Conoces los cuatro acuerdos de la sabiduría tolteca? A mí me encantan y siempre me acompañan. La cultura tolteca es una de las culturas precolombinas que dominó en el norte del altiplano mexicano entre los siglos x y xii.

Quiero compartir contigo estos acuerdos, porque a mí me ayudan a construir relaciones llenas de sentido, conmigo, con los demás y con mi dinero.

Si no has tenido la oportunidad de leer el libro del doctor Miguel Ruiz *Los cuatro acuerdos,* te recomiendo que lo hagas y que apliques su sabiduría. Estos cuatro acuerdos de los que habla en su libro son:

1. Sé impecable con tus palabras. Utiliza tu energía comunicativa en dirección de la verdad y del amor hacia ti misma y la persona que tienes delante. Sé coherente con lo que sientes, piensas, dices y haces. Sé auténtica. Respétate y respeta a los demás.

2. No te tomes nada de forma personal. Cada persona tiene sus propias opiniones y su propia forma de entender y vivir su vida. Cada uno actúa según su propio mapa, así que cada uno de sus actos está relacionado con su aprendizaje. No lo hagas tuyo.

Tú ocúpate de tu aprendizaje de lo que estás sintiendo y de lo que hay ahí para tu desarrollo. Responsabilízate de tu parte, no cargues con cosas que no te corresponden.

3. No hagas suposiciones. No des nada por supuesto, ya que suponer te hace inventar historias que se pueden alejar de la realidad. Confía en tu intención y en la de los demás. Siempre hay una buena intención, y aunque no la entiendas, está.

4. Haz siempre lo máximo que puedas. Da lo mejor de ti. Sé amable contigo y con los demás. No te juzgues y no juzgues a nadie.

¡Dales vida a estos acuerdos y ponlos en práctica!

Yo soy abundante, la vida me provee de todo lo que necesito.
Doy las gracias por ver comenzar un nuevo día,
y lo siento dentro de mí como el regalo que es.
Lo que más me conecta es escribir en mi diario tres
acontecimientos del día por los que me siento agradecida.

—Laura—

Para terminar, te propongo que hoy firmes un acuerdo contigo misma en el que detalles:

- Lo que quieres recibir de tus relaciones.

- Lo que quieres dar a tus relaciones.

- Puedes hacerlo de una en una o de forma general, con lo que te sientas más cómoda. Por favor, hazlo también con la relación con tu dinero.

- Firma este compromiso contigo y construye desde aquí.

Busca siempre este equilibrio dentro de ti. Aprende a dar y a recibir de una forma sana para ti.

¡Feliz día de relaciones sanas y de Felicidad Económica!

Hojas de compromiso

En mis relaciones personales, quiero recibir...

....

....

....

....

....

....

....

En mis relaciones personales, quiero dar...

....

....

....

....

....

....

....

En mis relaciones económicas, quiero recibir...

En mis relaciones económicas, quiero dar...

Permiso, valor y merecimiento

Título del día

HOY...

Estamos en la recta final y es muy posible que, al hacer este camino, estés experimentando una serie de etapas diferentes que te han hecho empezar, dejarlo, reengancharte, hacerlo de forma más profunda o más superficial, ir cambiando. Como te he dicho en más de una ocasión, todo lo que hayas vivido es perfecto así.

Normalmente, cuando estamos en procesos de cambio, de transformación, de desarrollo como este e indagamos en nosotras, podemos experimentar diferentes fases:

- **Fase de muchas dudas:** en la que a la vez que sientes que en este camino hay algo para ti, te da miedo entrar. Incluso te puede dar pereza sacar aquí todas las frases hechas de que «Los números no son para mí», «Yo soy de letras», «¿Felicidad y economía?». Son momentos en los que la ilusión, la resistencia y la esperanza se mezclan. Momentos de expansión y de contracción.

- **Fase de negociación con tu mente:** en esta etapa aparece el ego y con él la necesidad de abandonar el proceso, la negación a lo que estás experimentando. Es el momento de sentarte contigo y elegir si escuchar a tu ego o continuar.

- **Fase de descubrimiento:** al pasar a esta etapa, puede que hayas dejado por unos días el proceso, pero una vez que el ego se rinde, te vuelves a comprometer y continúas. Empiezas a vivir cosas impresionantes, causalidades y pequeñas sincronicidades que te reafirman en tu decisión de querer avanzar.

- **Fase de transformación:** es cuando te das cuenta de que dentro de ti ha ocurrido una transformación. Algo que te permite sentirte mejor contigo misma, que el camino que has recorrido tiene sentido y ha merecido la alegría. Ahora ves las cosas de otra forma, sientes que la magia de la vida está en ti. Cambia tu mirada y la relación con tu dinero y contigo misma se transforma.

Cada persona vive estas etapas de diferente forma. Puede que las hayas experimentado o no, pero lo que sí está claro es que, si has llegado hasta aquí y estás viviendo esto, eligiéndolo, es porque hay algo para ti.

Hay cambios y transformaciones que habrás experimentado ya y otras que sentirás más adelante, pero como me dijo un maestro de meditación en un retiro: «Ya te has subido a la lancha, está en marcha y solo tienes que permitir que la brisa te toque la cara y disfrutar del camino».

Date permiso para valorarte y sentirte merecedora.

¡Estas tres palabras tan potentes son tres puertas a un sinfín de posibilidades!

- PERMISO
- VALOR
- MERECIMIENTO

Ama lo que haces, porque así te sentirás plena.
No te juzgues, porque así serás libre. Acepta cada cambio
y emoción que surja en ti. Date el permiso que te mereces y
cuando todo esto te lo permitas y lo sientas, todo fluirá,
y así realmente amarás quién eres.

—Hermi—

Las tres puertas

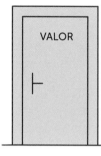

PERMISO VALOR MERECIMIENTO

¿Qué significan para ti cada una de estas palabras? Escríbelo.

PERMISO:

....

....

....

VALOR:

....

....

....

MERECIMIENTO:

....

....

....

Imagina ahora que estás delante de esas tres puertas y tú tienes tres llaves para abrir cada una de ellas.

¿Cuál abrirías primero? ¿Y después? ¿Cuál dejarías para el final?

....

....

....

....

....

¿Por qué has elegido este orden?

....

....

....

....

....

Es el momento. ¡Ábrelas!

¿Qué has visto al abrir cada una de las puertas? ¿Qué has sentido? ¿Te ha costado abrir alguna de ellas? ¿En cuál te quedarías más tiempo? ¿Cuál dejarías abierta? ¿Las volverías a cerrar?

PERMISO   VALOR   MERECIMIENTO

....

....

....

....

....

....

Ahora te invito a que te escribas una carta en la que te hables de tu permiso, tu valor y todo lo que te mereces. Cómo quieres sentirlos. Hazlo sin límites, háblale a esa parte de ti que está deseando escucharte.

Cuando acabes, léela en voz alta y grábate. Estos mensajes son para ti y vienen de lo más profundo. Escúchate.

Yo me doy permiso.

Yo valoro intensamente todo mi ser, mi cuerpo y mi mente y cada paso que doy.

Yo me merezco todo lo mejor y con amor lo acepto ahora.

Ámate, ámate incondicionalmente.

¡Disfruta de tu día y de tu Felicidad Económica!

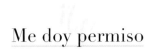

Me doy permiso

El poder de la gratitud

Título del día

HOY...

Hemos llegado al final de este libro y tengo una mezcla de emociones increíble. Estoy llena de agradecimiento por el tiempo que hemos pasado juntas, por cada descubrimiento que has hecho y por todo lo que espero hayas aprendido. Estoy agradecida por el tiempo que te has y me has dedicado.

Y al mismo tiempo, me da un poco de pena que se acabe. De alguna forma, me he sentido junto a ti cada día compartiéndote una parte de mí y me gustaría que siguiéramos en contacto, que continuaras indagando en tu Felicidad Económica y que me compartieras tus avances.

Hoy, por ser el último día, quiero hablarte del sentimiento que más conecta con tu abundancia: la gratitud.

Levanta un segundo la mirada de estas páginas y observa tu alrededor. ¡Es fascinante! Tienes tantas cosas que agradecer... Míralas, siéntelas. Ser agradecida es apreciar cada instante lo que la vida pone ahí para ti, lo que los demás te aportan y lo que tú eres, generas, inspiras y tienes.

La fuerza de la libertad (económica) está en mi merecimiento.
La fuerza de la abundancia está en mi esencia.
La fuerza de la prosperidad está en mi consciencia.

–María Teresa Jover Casasnovas–

El agradecimiento ilumina tu plano mental, espiritual, físico y emocional. Por eso, ayuda a encontrar y sentir tu propio equilibrio. Así que...

- Agradece cada día lo que vives y cómo lo vives.
- Agradece cada día lo que tienes y cómo lo tienes.
- Agradece cada día lo que eres y cómo eres.
- Agradece cada día lo que haces y cómo lo haces.

No sé si sabes que cuando termino mis formaciones presenciales (y también las virtuales), entre todos los participantes creamos un círculo para compartir qué nos llevamos de la formación y qué agradecemos de todo lo experimentado.

Hoy te pido que te lo preguntes, que te llenes de ti, de tu compromiso contigo, aunque no hayas hecho todo lo que te propongo, confía en que en este momento has hecho todo lo que tenías que hacer.

Yo me llevo abundancia y amor, por haber conseguido conectar a través de este libro con personas que creéis en otra forma de economía, más humana, más cercana. Me llevo confianza y fe.

GRACIAS, INFINITAS GRACIAS por haber confiado en mí y por llegar hasta aquí.

Y quiero darte una última herramienta potente y sanadora: este mantra Ho'oponopono –que es una tradición de sabiduría milenaria originaria de Hawái– para que puedas repetirlo las veces que consideres y cuando así lo sientas.

«Lo siento, te amo, perdona y gracias.»

- Lo siento tiene relación con entender que eres responsable de lo que experimentas.
- Te amo se trata de aplicar el amor siempre como respuesta.
- Perdona es aceptar y borrar de tu inconsciente.
- Gracias es estar agradecida a la experiencia.

Espero que hayas disfrutado, aprendido, sentido y experimentado cosas que te permitan seguir creciendo y evolucionando en tu relación con la abundancia y la Felicidad Económica.

LOS **7** DÍAS DE EMOCIONES

Para que puedas sacarle el máximo partido posible a esta última semana te invito a que contestes estas preguntas, que te ayudarán a asentar lo que has observado, trabajado, aprendido e interiorizado.

1. De 0 a 10, siendo 0 nada y 10 todo, ¿cómo ha sido tu compromiso con este camino?

2. ¿Qué pensabas antes del dinero y qué piensas ahora?

....

....

....

....

....

3. ¿De qué te has dado cuenta?

....

....

....

....

....

....

....

4. ¿Qué has aprendido?

....

....

....

....

....

....

....

5. ¿Qué cosas quieres incorporar a tu día a día?

....

....

....

....

....

....

....

....

Ama lo que es

El último mensaje de este libro es muy especial para mí. Es un mantra que me conecta, que me hace vibrar y que quiero compartir contigo de nuevo para que siempre lo recuerdes:

AMA LO QUE ES.
Sea lo que sea.
Sea como sea.
Sea con quien sea.
Sea cuando sea.
Sea donde sea.

Si lo estás transitando es porque es parte tu vida, es parte de tu camino, es parte de ti.

Acéptalo.
Siéntelo.
Abrázalo.
Intégralo.
Aprende de ello.
Y dale luz.

Estos 29 días han sido para que los vivas intensamente,
para que los respires,
y para que te sientas libre.
Hónrate y admírate por haberte permitido transitar esta parte de ti.

Por favor, en la siguiente página escribe la fecha de hoy y dedícate unas palabras de poder, admiración y merecimiento:

Agradecimientos

Es para mí un regalo poder agradecer a las personas que tengo cerca, a las que están lejos pero presentes siempre, a las que me apoyan, a las que me abrazan, a las que me guían, a las que me impulsan y a las que me acompañan en una parte de mi camino o en todo. Es el mayor regalo de este libro.

GRACIAS, Pau, mi pequeño, por ayudarme a ver el mundo cada vez más bonito y lleno de vida y por ser mi fuente de inspiración para querer ser cada día un poquito mejor y construir un presente más lleno de amor.

GRACIAS, Toni. En el tiempo que caminamos juntos he aprendido muchísimo de ti. Agradezco la familia que hemos creado y, sobre todo, desde dónde lo hemos hecho. Siento tu apoyo verdadero en cada segundo.

GRACIAS, mamá, papá, Antonio, Julián y Paula por ser mi soporte y por confiar en mí en todo momento.

GRACIAS, Antonio, Nati y Juanmi, por ayudarme y acompañarme sin condición.

GRACIAS a toda mi familia, por arroparme como lo hacéis.

GRACIAS a mis amigas de toda la vida, las de Torrox, las que me acompañan desde pequeña en todas las aventuras. Sentiros cerca es para mí muy valioso. ¡Gracias, niñas! Hermi, Rosana, Belén, Mari Ramírez, Yessica, Cristina, Alba, Luci, Mari Plaza, Mari Ángeles, Amanda, Estefanía y Maribel.

GRACIAS a mis mujeres diamante, mis amigas sabias, con las que crezco con cada palabra que comparto: Alba, Hermi, Rosa, Cristina Faustino, Lisa, Betty, Sofía, María Teresa, Virginia Moll, Vanessa Marrero, Verónica Deambrogio y Paty de Luque.

GRACIAS a mi grupo de amigos de Mallorca por acogerme de esta manera tan bonita y sincera: Majo, Guillem, Olivia, Patri, Toni, Claudia, Neus, Aida, Toni, Emma, Joan Bonet, Tolo, Sofía.

GRACIAS a las personas increíbles y abundantes que han escrito en este libro sus palabras para que sean fuente de inspiración para otras y con ellas propagar la Felicidad Económica. Soy muy afortunada de teneros en mi vida.

GRACIAS a mi equipo Contágiate Torrox, por el soporte, apoyo y ganas de seguir creciendo juntos.

GRACIAS a la comunidad de mujeres emprendedoras Extraordinaria porque allí empezaron estos *29 días*. Inolvidable.

GRACIAS a la comunidad de mujeres Mulleres Atlânticas por recibir mi mensaje con tanto amor. Y en especial a ti, María, por todo tu acompañamiento.

GRACIAS a Woman Rocks por todo lo que me ha dado, por tanto compartido y vivido en los eventos.

GRACIAS a Charo Vargas por escribir ese texto tan generoso sobre mí.

GRACIAS, Cati Frau, por crear la primera *landing* del programa de los *29 días*. Me ayudaste tanto...

GRACIAS, Virginia Moll, por guiarme y por tus palabras para los textos de esa primera *landing*. Me encanta tu manera de escribir.

GRACIAS, Andrea Valencia, por corregir con tanto amor estas palabras y por emocionarte conmigo.

GRACIAS, Cristina Mas, por estas fotos tan bonitas, por captarme casi sin que yo me diera cuenta.

GRACIAS, Lucía Irureta, por crear mi imagen corporativa y por hacer realidad mi casa virtual, mi web.

GRACIAS, muchas gracias, Guiomar, porque el proceso de ver estas palabras en papel ha sido maravilloso gracias a tu compañía. Eres una bellísima persona y una gran profesional. Haces lo complicado, simple. Has sido un regalo para mí.

GRACIAS, Marta, por fijarte en mi libro y poner todo de tu parte para que vuele.

GRACIAS a las más de 3.600 personas que han participado hasta ahora en el programa de los *29 días*. He aprendido, reído, llorado, me he inspirado y he crecido junto y gracias a vosotras. Os estoy infinitamente agradecida por la confianza, el amor recibido y por impulsarme para hacer este libro.

GRACIAS a todos mis clientes, a los de las formaciones presenciales, a los de las sesiones, a los de las conferencias, gracias por vuestra confianza. Gozo con cada uno de vosotros. Y GRACIAS también a las personas que me leen en mis redes.

Y, por supuesto, GRACIAS a ti, que ahora también formas parte de mi camino, de los *29 días* y de Felicidad Económica.

GRACIAS, MIL GRACIAS.